JN182078

ジャック・デリダ

他の岬

ヨーロッパと民主主義

高橋哲哉・鵜飼哲 訳
國分功一郎 解説

みすず書房

L'AUTRE CAP

suivi de
La Démocratie Ajournée

by

Jacques Derrida

First published by Les Éditions de Minuit, Paris, 1991
Copyright © Les Éditions de Minuit, Paris, 1991
Japanese translation rights arranged with
Les Éditions de Minuit, Paris through
Bureau des Copyrights Français, Tokyo

目次

当初は新聞記事として発表されたものを、本――小著ないし「小冊子《プラケット》」――の形で出版してみないかと勧めてくれたジェローム・リンドン〔ミニュイ社の社主――訳者〕の厚意によって、私はある偶然とある必然の結合について考察する機会に恵まれた。「他の岬」というこの小論が、新聞、書籍、出版、報道、メディア文化をめぐる諸問題に囲繞されていることは一目瞭然だったにもかかわらず、それまで私は、それがある新聞（『リベール、ヨーロッパ図書評論』、一九九〇年、五号）に発表されたという事実に十分注意を払ってこなかった。しかもそれは、通例を逃れようとする特異な新聞で、ヨーロッパの別の諸紙（『フランクフルター・アルゲマイネ・ツァイトゥング』〔ドイツ〕、『インディチェ』〔イタリア〕、『エル・パイス』〔スペイン〕、『ル・モンド』〔フランス〕）に同時に折り込まれ、同時に四つの言語で発表されるという異例の出版形態を取ったのだった。

さて、もう一つの小論、根本的には類似の諸問題を、第一には報道と出版、書籍とメディアの問題を、世論、諸々の自由、人権、民主主義との関連で——そしてヨーロッパとの関連で論じた「日延べされた民主主義」も、一見偶然にも、別の、だが同じでもある新聞、すなわち『ル・モンド』に、それも特別号に、革命二百年の年に年間十二回刊行された『フランス革命の世界《ル・モンド》』の第一号（一九八九年一月）に発表された。主題の共有という事情以上に、（新聞のなかの新聞、とはいえ別刷りのような新聞紙上という）この二つの小論の発表場所から、私はこの両者を、そのままの形で、同一の光のもとに並べて置くことになんらかの意味があると想像したのである。そう、〈日＝光明〉〔jour〕こそ、〈日＝光明〉の問いないし考察、〈今日〉〔*aujourd'hui*〕という語の反響こそは、この二つの新聞記事がもっとも深く共有していたものだ——その日付、当時の日に。それにしても、こうした形で提出してみた仮説や提案は、まさにそのゆえに、今日、いわゆる《湾岸》戦争のさなか、法、世論、メディア伝達等の諸問題が周知の切迫と深刻さに直面しているとき、日付を付された、もう古いものとなってしまったのだろうか。読者諸賢のご高察を仰ぎたい。

〈今日〉とは、「日延べされた民主主義」の最初の言葉である。それが最後の言葉＝結語でだけは断じてないとしても、この言葉は、「他の岬」の冒頭に引用され、その後もいくたびか、次第に遠くへと投じられていったポール・ヴァレリーの呼びかけの、あの奇妙な響きと呼応することになるのかもしれない。「《今日》、あなたはどうするつもりなのか？」

一九九一年一月二九日

（鵜飼 哲訳）

他の岬

記憶、応答、責任*

コロック〔討論会〕はいつも、冒された危険を忘れることに熱心である。ある一般的主題をめぐって人々が和気あいあい講演や口頭発表を並べ合うだけの、あの見せ物の一つにすぎなくなってしまう危険を。たとえば、コロックはまさに文化的な見せ物もしくは興業になってしまう。もしもそれが、「文化」というかくも曖昧な言葉で呼ばれているものについてのレッスンであり続けるのでなければ。そして、つねにアクチュアルであり続けるであろう問い、ヨーロッパについてのレッスンであり続けるのでなければ。

もしもこの会議が、単なる反復に堕するのを免れるチャンスをもつとすれば、それは何らかの切迫が、チャンスであると同時に危険でもある切迫が、われわれに圧力を加えるかぎりにおいてであろう。

いかなる切迫か？　現在、ある比類なき事態がヨーロッパにおいて、依然としてヨーロッパと呼ばれる＝おのれを呼ぶところのものにおいて進行している。たとえ、このように呼ばれる＝おのれを呼ぶところのものを、ひとはもはやよく知らないとしても。実際、今日この〔ヨーロッパという〕名前を、いかなる概念に、いかなる実在の個体に、いかなる単一の存在体〔entité〕に割り当てるべきだろうか？　誰がその境界線を描くのだろうか？

　類推も予測も許さずこうして告げ知らされるものは、未曽有の何ものかであるように見える。切迫の不安に満ちた経験、相矛盾する二つの確信の交叉点。文化的同一性一般（戦前にはたぶん「精神的」同一性という言いかたをしただろう）という非常に古い主題、ヨーロッパの同一性という非常に古い主題は、たしかに、論じ尽くされたテーマのもつ尊敬すべき古めかしさをもっている。けれども、この「主題」はおそらく処女の身体を保持している。その名前は、まだ顔をもたない何ものかを仮面で覆い隠してはいないだろうか？　希望と恐れとおののきのなかで、この顔は何に似ていることになるのか、とわれわれは思う。それはまだ何かに似ているのだろうか？　われわれが知っているつもりのある種のペルソナ、エウロペの顔に？　そして、その非類似性〔non-ressemblance〕が将来なるものの諸特徴をもつならば、この非類似性は怪物性を免れることができるだろうか？

　希望と恐れとおののきは、ヨーロッパの至るところからわれわれのもとにやって来るさまざまな兆しに釣り合っている。そこではまさに、文化的同一性であるかそうでない同一性であるかを問わず、ともかく同一性の権利において、今や最悪の暴力が、よく考えもせずわれわれが知りすぎている最悪の暴力、外国人排斥や人種主義や反ユダヤ主義や宗教的あるいは民族主義的ファナティスムといった犯罪が解き放たれ、もつれ合い、相互にもつれ合うと同時に、ここにはいかなる偶然もないのだが、約束の息吹、呼吸、「精神＝気息」〔esprit〕そのものともつれ合おうとしているのだ。

初めに、わたしはある感懐をうちあけたい。すでにキャップ＝岬〔cap〕にかかわる――わたしがそこに留まろうと思っている縁〔bord〕にかかわる感懐を。それは、一人の老ヨーロッパ人の少しばかり打ちひしがれた感懐である。もっと正確にいえば、わたしは地中海の南岸出身であるから、その生まれのゆえに完全にヨーロッパ人とはいえないが、齢を重ねるにつれてますます、過剰に異文化を受容し〔sur-acculturé〕、過剰に植民地化された〔sur-colonisé〕一種の混血ヨーロッパ人という自覚をもつようになってきた者の感懐である〔culture〔文化〕とcolonisation〔植民地化〕というラテン系の語は、まさに根《ラシーヌ》に生じることが問題であるときに共通の語源《ラシーヌ》をもっている〕。それはおそらく、結局のところ、フランス領アルジェリアの学校以来、対岸〔l'autre bord〕の無頓着で非情な若さをいくぶんか保持しながら、ヨーロッパの老いを資本蓄積〔capitaliser〕しようと努めねばならなかった者の感懐であろう。実際この者は、フランス文化が彼をそこからごく若いときに切り離してしまったあの別の老いをいまだに老いることができない、そういう無邪気さのあらゆるしるしを保持している。

アナクロニックな老ヨーロッパ人、若々しいのにその年齢そのものに疲れた老ヨーロッパ人のこの感懐から、わたしはこのささやかな講演の第一の公理を作りたい。そしてわたしは、以後「わたし」ではなく「われわれ」と言いたいのだが、これは感懐から公理にこっそりと移行する別のやりかたである。

われわれは、われわれヨーロッパ人はかつてなく若い。ある種のヨーロッパがまだ存在してはいないのだから。それはかつて存在したことがあるのだろうか？　だがわれわれは、初めから老いて疲れて身を起こすあの若者たちに属している。われわれはすでに疲れ果てているのだ。この有限性の公理は、群れをなして襲いかかってくる問いである。われわれがそれであるところの若き老ヨーロッパ人は、いかなる疲弊から再 - 出発すべきなのか？　彼らは再び - 始めるべきなのか？　それとも、ヨーロッパの出発＝解雇〔*départ*〕が、古いヨーロッパを離別＝解雇する〔se séparer de〕ことが必要なのか？　それとも、まだ存在していないヨーロッパに向かって再出発すべきなのか？　それとも、もろもろの起源のヨーロッパに立ち帰るために再出発し、結局はそれらの起源を、「再会」の大いなる祭りの内で再興し、再発見し、再構成すべきなのか？

「再会」〔retrouvailles〕は今日、公的用語となっている。それは、ヨーロッパにおけるフランスの文化政策のコードに属している。政府の言説や文書にはこの語が頻繁に使われている。その場合これらの言説や文書は、フランソワ・ミッテランの談話を解説しているのである。ヨーロッパは、とフランス共和国大統領は言ったのだ（彼はそのとき、ヨーロッパ共同体の議長でもあったと思う）――「わが家へ〔chez soi〕帰るようにして、その歴史と地理とに帰るのである」。これはどういう意味なのか？　可能なことなのか？　望ましいことなのか？　今日、告げ知らされていることそのものなのか？

わたしは、今はまだ、これらの問いに答えようとも思わない。そうではなくわたしは、あえて第二の公理を提起したい。この公理は、かくかくの断言（たとえば、「再会」についての断言）やかくかくの問いに意味を付与する可能性そのものに先行する、とわたしは思っている。わたし自身の好みや確信からすると、ここでどうしても同一性や文化といった概念――ヨーロッパという固有名もそうだが――の系譜学的分析をしたくなるのだが、時間と場所が適さないので断念せざるをえない。にもかかわらず、ここでやや独断的な仕方で定式化しておかねばならないのは、まったくそっけないある必然性であり、これがわたしの第二の公理なのだが、その諸帰結はわれわれの全問題系に影響を及ぼすかもしれない。すなわち、文化の固有性とは自己自身と同一でないことである。同一性をもたないというのではなく、自己への非同一性においてでなければ、あるいはお望みならばこう言ってもよいが、自己にあっての差異〔différence *avec soi*〕においてでなければ、おのれを同一化しえず、「わたし」あるいは「われわれ」と言えず、主体の形式をとることができないというのである。この自己にあっての差異がなければ、文化や文化的同一性は存在しない。奇妙かついささか暴力的なシンタックスだが、《avec soi》〔自己と〕はまた《chez soi》〔わが家〕を意味する（*avec* は「……において」〔chez〕であり、*apud hoc*〔……のもとで〕である）。この場合、自己への差異、自己自身と異なり距離をとるということは、自己にあっての（自己からの）差異〔*différence (d') avec soi*〕でもあるだろうし、「わが家」にとって内的でかつ還元不可能な差異でもあるだろう。「わが家」の中心＝暖炉〔foyer〕を結集しながら、還元不可能な仕方でそれを分割することになるだろう。実際それは、「わが家」の中心＝暖炉をこの隔たりへと開くかぎりにおいてしか、それを結集したり、それ自身に関係づけたりしないであろう。

このことは、逆にまた交互に、あらゆる同一性や同一化について言うことができる。すなわち、文化なしには、ただし他者の文化としての自己の文化、二重属格と自己への差異〔*différence à soi*〕の文化としての自己の文化なしには、自己への関係も自己への同一化も存在しない。二重属格の文法はまた、ある文化はけっして唯一の起源をもたないことをも指示している。文化の歴史において、単一系譜学はつねに神秘化《ミスティフィカシオン》＝欺瞞となるであろう。

昨日の、明日の、今日のヨーロッパは、この法則の単なる一例だったことになるのだろうか？ 他の多くの例のなかの一例だったことに？ それとも、この法則の範例的可能性だったことになるのだろうか？ ひとがある文化の遺産により忠実だと言えるのは、同一性を構成する自己-への-（自己にあっての）差異を養う＝錬磨する〔cultiver〕ことによってなのか、それとも、この差異がそのなかに結集されて〔rassemblée〕維持される同一性を固守することによってなのか？　この問いは、文化的同一性のあらゆる言説とあらゆる政治について、この上なく不安な諸効果を増殖させるかもしれない。

ヴァレリーはその『ヨーロッパの偉大と衰退についてのノート』において、一人の親しげな対話者、近しいけれどもなお素性の知れない対話者を挑発しているようだ。激しい呼びかけの調子で、相手をそっとしておくはずもない一つの問いのキック・オフよろしく、彼は対話者に「今日」という語を放つ。「《今日》」〔AUJOURD'HUI〕と、この語は大文字で〔en lettres *capitales*［肝心要の＝生死にかかわる文字で］〕書かれており、今日はまさに挑戦そのもののように巨大化している。巨大な挑戦、肝心要の＝生死にかかわる挑戦、それは今日という日＝光明〔jour〕である。「ところで、あなたはどうするつもりなのか？　《今日》、あなたはどうするつもりなのか？」（プレイヤッド版全集、ガリマール社、第二巻九三一頁）。

なぜ、今日という日＝光明は、大文字で書かれるのに価するのだろうか？　それは、われわれが今日ヨーロッパのために、自己反復としての自己同一化から引き離されたヨーロッパのために、難儀して行なったり考えたりしているその当のものが、まさに「今日」の単一性、ある一つの出来事、今ここでのヨーロッパの特異な到来にほかならないからである。ヨーロッパのまったく新たな「今日」なるものがあるのだろうか？　それも、かつて「新ヨーロッパ」と呼ばれたもの、あの周知の別のプログラム、最も不吉なプログラムの一つに断じて似ていない、そういう新しさをもつ「今日」なるものが？　この種の罠は単なる言葉の罠ではなく、一歩進むたびごとにわれわれを待ち構えている罠であり、プログラム化された罠である。あらゆる使い古されたプログラム、ヨーロッパ中心主義と反ヨーロッパ中心主義といううんざりする、とはいえ忘れることもできないプログラム（われわれはそれらを忘れることはできないし、忘れるべきでもない。というのも、それらがわれわれを忘れてはくれないから）の彼方に、ヨーロッパのまったく新たな「今日」なるものがあるのだろうか？　今ではそれらをよく知っており、そうした忘れることのできないプログラムは疲弊を招く使い古されたものだから、うんざりするほどよく知っているわれわれは、今日もはやヨーロッパ中心主義も反ヨーロッパ中心主義も欲しない、と初めに言うことによって、わたしは「われわれ」という語を濫用しているのだろうか？　これらのあまりによく知られたプログラムを超えて、われわれはどんな「文化的同一性」に責任をもつべきなのだろうか？　誰の前で責任をとるべきなのか？　どんな記憶の前で？　どんな約束に対して？　また「文化的同一性」という語は、「今日」にとって適切なものなのか？

　タイトルはいつも一つのキャップ〔先端＝頭〕である。それは章の頭＝冒頭〔tête〕であり、頭書＝章飾り〔en-tête〕でもある。ほとんど即興的な短い反省のためにこのl'autre cap〔他の岬《キャップ》〕というタイトルを提案しつつ、わたしは飛行機の中で、まず第一に、航空もしくは航海用語を考えていた。

海上もしくは空中を船が進む＝針路をとる〔fait cap〕。たとえば別の大陸に向かって、その船がめざす目的地、変更することもできる目的地のほうへ「進んでいく」。わたしの言語〔フランス語〕では、「faire cap」〔進む＝針路をとる〕と言い、「changer de cap」〔針路を変える〕とも言う。「キャップ」（caput〔頭〕、capitis〔頭の〕）という語は、周知のように、頭もしくは突端の突端性、目的と末端、最後のもの、最終のもの、最終的な突端、終末〔*eskhaton*〕一般を意味するが、このように航空・航海用語としては、たいてい誰かによって方向づけられ、計算され、熟慮され、秩序づけられた運動の極、終わり＝目的〔fin〕、テロスを指示する。誰か〔*quelqu'un*〕と〔男性形で〕言うのは、それが女ではないからである。一般に、そしてわけても戦時においては、針路を決定し、彼自身がそれである突き出た先端を決定する者、自分の操縦する船または飛行機の先頭に立ち、船首を決定するのは男なのだ。終末論と目的論、それは男＝人間〔homme〕である。彼こそは乗組員に指示を与え、舵や操縦桿を握る。要するに、乗組員と乗り物の先頭に＝指揮者として〔à la tête〕立つのであり、彼自身が頭なのだ——そして彼は、しばしばキャプテン〔*capitaine*〕と呼ばれる。

「l'autre cap」という表現はまた、他の方向が告げ知らされること、すなわち、目的地を変えなければならないことをも示唆することができる。方向を変えること、それは目的を変えること、他のキャップを定めること、キャプテンの年齢や性別は変えずとも——とはいえ、変えていけない理由はない——キャプテンを変えること、さらには、他のキャップがあることを想起することをも意味しうる。というのも、キャップは単にわれわれのキャップであるばかりでなく、他のキャップでもあり、単にわれわれが同定し、計算し、決定するキャップであるばかりでなく、われわれがその前で応えねばならず、われわれがそれをおのれに想起し、それについておのれに想起しなければならない他者のキャップ〔*cap de l'autre*〕でもあって、他者のキャップはおそらく、破壊的な自己中心主義——自己または他者の自己中心主義——ではない同一性や同一化の第一条件だからである。

しかし、われわれのキャップを超えておのれを呼び戻さなければならないのは、ただ単に他のキャップへとばかりではなく、とりわけ他者のキャップへとばかりでもなく、おそらくはキャップの他者〔*l'autre du cap*〕へとである。言いかえると、もはやキャップの形式、記号、論理に従わず、反キャップの——あるいは脱キャップ〔décapitation〔斬首〕〕のそれらにさえ従わない他者への同一性の関係へと、おのれを呼び戻さなければならないのだ。これらの反省の真のタイトルは、そういうわけでタイトルは一つのキャップ、すなわち章の頭＝冒頭であるにもかかわらず、むしろわれわれをキャップの他者に導いていくことになるだろう。わたしは自分のすべての命題の形式を、キャップの文法と統辞法から、文法上の性差から、すなわち資本〔*capital*〕と首都〔*capitale*〕から、選択的に導き出すことになるだろう。「ヨーロッパの文化的同一性」は、いかにして、ル・キャピタル〔資本〕とラ・キャピタル〔首都〕という二重の問いに応答することができるのか？　責任ある〔responsable〕仕方で——自己に対して、他者に対して、他者の前で責任ある仕方で——応答する

〔répondre〕ことができるのか？

ヨーロッパは今日、ヴァレリーが大文字で書いている今日において、キャップの問いが不可避に思われるおのれの歴史の瞬間にいる（もしヨーロッパが歴史を、同定可能＝同一化可能な一つの歴史をもつならば）。おのれの文化の歴史の、そういう瞬間にいるのだ（もしヨーロッパの文化が、いつか一つの同じ文化として同定＝同一化され、自己の記憶の中で自己自身に責任をとることができるならば）。答えがどんなものになろうと、問いは残り続ける。そうでなければならない、とさえわたしは言うだろう。すなわち、あらゆる答えの彼方においても問いは残り続けねばならないのである。そもそも今日、そのような問いを回避しようと思っている人はいないのだし、この事情は単に、最近数ヵ月間に東欧あるいは中欧で始まったこと、いやむしろ加速度的に進行したことにのみ由来するわけではない。この問いはまたきわめて古く、ヨーロッパの歴史と同じだけ古いのだが、他のキャップあるいはキャップの他者の経験は、絶対に新しい仕方で、つまり「いつものように」新しい仕方ではなく、新しさそのものが新しいような仕方で提起されるのである。そして、もしもこうだとしたら、すなわちヨーロッパとは、針路の変更や他のキャップもしくはキャップの他者への関係が、それにとってはつねに可能だと感じられる〈歴史への開け〉なのだとしたら、どうなるだろうか？　開けと非‐排除であって、ヨーロッパはこのことに、いわばほかならぬ責任をもっているのだとしたら？　ヨーロッパとは本質的に、この責任そのものであるのだとしたら？　まるで責任の概念自体が、その解放に至るまで、ヨーロッパの出生証書に責任をもつかのように？

文化の歴史はおそらく、すべての歴史と同じように、ある同定可能なキャップ〔先端＝頭〕を前提するであろう。運動、記憶と約束、同一性が、たとえ自己への差異としてではあっても、先取（anticipatio〔先取〕、anticipare〔先取する〕、antecapere〔前もって占取する、出し抜く〕）において先に行くことによって、それに向かっておのれを結集しようと夢見る一つのテロスを、前提するであろう。けれども、歴史はまた、当のキャップ〔先端＝頭〕が、前もって決定的に同定可能なものとして与えられるわけではない、ということをも前提する。新しいものの侵入、他の今日の唯一性は〔l'unicité de l' autre *aujourd' hui*〔他者の唯一性は今日〕〕そのものとして待ち受けられるべきだろうし（しかし、そのものとして〔*comme tel*〕ということ、唯一者と他者の現象、それらのそのものとしての存在は、そもそも可能だろうか？）、予見不可能なもの、先取不可能なもの、統御不可能なもの、同定＝同一化不可能なものとして、つまり、まだそれについての記憶がないようなものとして先取されるべきだろう。けれども、われわれの古い記憶は、キャップ〔先端＝頭〕を先取し保持することもまた必要である、とわれわれに言う。というのも、先取不可能なものとか絶対に新しいものとかいったスローガンにもなりうるモチーフのもとで、最悪のものの亡霊が、われわれがすでにそれと認めたこの亡霊が回帰してくるのを見るはめになるかもしれないからだ。われわれは「新しいもの」を十分に知っており、いずれにせよ、「新しいもの」——ときには「新秩序」——や、驚くべきものや、処女的なものや、先取不可能なものやの古いレトリック、扇動術、教導術を知っている。だからわれわれは、反復的記憶と、絶対に新たなもののまったき他者とを〔同時に〕警戒しなければならないし、記憶する資本蓄積と、もはや絶対に同定不可能であるだろうものへの没記憶的露呈とを〔同時に〕警戒しなければならないのだ。

さきほどわたしは、いわゆる中央ヨーロッパといわゆる東ヨーロッパを襲った激しい地震のことをほのめかしておいた。それはペレストロイカ、民主化、再統一、市場経済への参入、政治的・経済的自由主義への接近といった、いかにも問題を含んだ名称をもって呼ばれているのだが、定義によって国境を知らないこの地震こそおそらく、「ヨーロッパの文化的同一性」をめぐるこの討議のために選ばれた主題の近因であろう。わたしが望んだのは、ヨーロッパをつねに一つのキャップ〔先端＝頭＝岬〕に同一化してきたものを喚起することであった。ずっと以前からつねにそうであったのだが、この「つねに＝毎日」〔toujours〕は、ヨーロッパの記憶の内でかつて今日であったすべての日＝光明、ヨーロッパ文化としての自己の記憶の内でかつて今日であったすべての日＝光明、といった何かそういうものを表わしている。ヨーロッパはその自然地理学において、またたとえばフッサールがそう呼んだように、しばしば精神の地理学と呼ばれてきたものにおいて、自分自身をつねに一つのキャップ〔先端＝頭＝岬〕として同定してきた。大陸の西と南に突き出た先端（地の果て、フィニステールの突端、大西洋ヨーロッパ、地中海のギリシャ‐ラテン‐イベリア的沿岸）

として、発見や発明や植民地化のための出発点としてであれ、キャップ〔頭＝岬〕の形をしたこの地峡＝言語〔langue〕の中心そのものとして、キャップ〔先端＝頭＝岬〕の中心の中心にギリシャ＝ゲルマン枢軸に従って凝縮され、さらには圧縮された中央ヨーロッパとしてであれ。

しかも、ヴァレリーがヨーロッパを記述し、定義したのもこのようにしてであった。つまり一つのキャップとしてであった。そしてこの記述〔*description*〕が定義〔*définition*〔限定〕〕の形式をとったのは、概念が境界に対応していたからであり、それがこの地理学の全歴史なのである。ヴァレリーがヨーロッパを観察し、見つめ、それに直面する〔*envisage*〕。そこに顔〔visage〕を見、ペルソナ＝人物を見、それを一人の頭《かしら》＝長〔chef〕と、つまりキャップと見なす。この頭もやはり眼をもち、ある方向に向かっており、地平線を探査し、一定の方角を監視している。

「これらすべての成果の中でももっとも多くのもの、もっとも驚くべきもの、もっとも豊かなものが、人類のかなり限定された一部によって、居住可能な大地の全体に比べればごくごく小さな区画の上で達成されたのである。

ヨーロッパはこの特権的な場所であった。ヨーロッパ人、ヨーロッパ精神は、これらの驚異の作者であった。

このヨーロッパとはいったい何か。それは旧大陸の一種のキャップ〔先端＝頭＝岬〕であり、アジアの西方の突起＝附属物〔appendice〕である。ヨーロッパはおのずから西を見つめる。南は名高い海に面しており、この海の役割、いやむしろ機能と言うべきだろうが、それがわれわれの関心事、ヨーロッパ精神の形成において驚くべき効果を発揮した。(1)」

一つのキャップ、地理上の「小さな先端＝頭＝岬《キャップ》」、身体と「アジア大陸」との「突起＝付属物」。これが、ヴァレリーの眼には、ヨーロッパの本質そのものであるところのもの、ヨーロッパの現実的存在〔*être réel*〕なのだ。そして、この文法の挑発的であると同時に古典的な逆説において、存在と時間の最初の問いは目的論的であっただろう〔*aura été*〕し、あるいはむしろ、反対‐目的論的〔contre-téléologique〕であっただろう。すなわち、もしもヨーロッパの本質がそのようなものであるならば、ヨーロッパはいつの日か、それがそうであるところのもの（要するに、とるに足りないもの、小さな先端＝岬あるいは突起＝付属物）になるのだろうか。それとも、ヨーロッパはその本質ではなく見かけであるものに、すなわち、先端＝岬の形をした「脳髄＝中心」〔cerveau〕にあくまでとどまるのだろうか、と。そしてこの場合、真のテロス〔目的＝終末〕、最良のテロスは本質の側にではなく、見かけの側にあることになるだろう。この問いについてヴァレリーは、適切にも、そしてことのついでといった様子で、それは「肝心要の＝生死にかかわる《キャピタル》」問いなのだと言って楽しんでいる。

「さて、現代は次のような肝心要の＝生死にかかわる問いを含んでいる。すなわち、ヨーロッパはあらゆる分野におけるその優位を維持することができるだろうか。

ヨーロッパはそれが現実にそうであるところのものに、つまりアジア大陸の小さな先端＝岬になってしまうのか。

それとも、ヨーロッパはそれがそう見えるところのものに、つまり地上世界の貴重な部分、地球の真珠、巨大な身体の脳髄であり続けるのか。[2]」

ここでわたしは、あらゆるキャップや章の冒頭を要約する〔récapitulation〕という作業を一時中断し、次のことを指摘しておく。すなわち、この会議の出席者の圧倒的多数は、ヨーロッパ的知識人の古典的モデルに従って男＝人間〔*hommes*〕であり、西欧の市民であり、作家もしくは哲学者であるということ。記憶と文化に責任を負う者と見なされた番人＝守護者〔gardien〕であり、ヨーロッパの一種の精神的使命を担う市民であるということである。イギリス人はここにはいない——今日、英米の言語は世界中の固有言語《イディオム》に重ね合わされるべき第二の世界語であるにもかかわらず。これは今日の文化の、とりわけヨーロッパ文化の本質的諸問題の一つなのだが、英米語はヨーロッパ文化に属する一言語であり、かつそうではないのだ（フランスの知識人がモスクワに行くとき、わたしはそれを経験したし、われわれにとってかなり共通の経験でもあると思うのだが、英米語はやはり仲介の言語である。ちょうどこの会議において、実際はハンガリーからでもソ連からでもなく英米の偉大な大学からやって来た二人の参加者、アグネス・ヘラーとウラディミール・ブコフスキーにとってそうであるのと同様に）。したがって、ここでわれわれの大多数は、ヨーロッパというキャップの大陸的先端の男性的代表であり、地中海的基調音を響かせたいわゆるヨーロッパ共同体の内にいる。偶然にせよ必然にせよ、これらの特徴は差別するものであると同時に意味するものである。少なくとも、それらは紋章のように何かを表わしており、わたしがここで「キャップ」の、他のキャップの、キャップの他者の名のもとにためらいがちに提起しているものは、少なくとも遠回しには、この記号のもとに書き込まれるべくやって来るだろう。

ヨーロッパは単に地理上の先端＝岬であるだけではない。同時に無限の、言いかえると普遍的な企図、課題、あるいは理念として、精神的キャップ〔先端＝指導者〕の表象ないし形象をつねに自分に与えてきた先端＝岬、すなわち、自己の内にまた自己のために〔en soi et pour soi〔即自的かつ対自的に〕〕おのれを結集し、蓄積し、資本化＝先端化〔capitaliser〕する〈自己の記憶〉であるだけではない。ヨーロッパはまたおのれのイメージ、おのれの顔、おのれの形象、おのれの場所そのものを、おのれの生起＝〈場所をもつこと〉〔avoir-lieu〕を、世界文明あるいは人間文化一般にとってのファルス〔男根〕の——とお望みならば言ってもよいが——したがってまたキャップの突き出た先端といっしょにしてきた。範例性〔exemplarité〕の突き出た先端の理念は、ヨーロッパ的理念の理念であり、ヨーロッパ的理念の形相〔eidos〕であり、アルケー〔arkhê〕——始源でもあるが、支配（資本化＝先端化する記憶と決定の場所である頭としての、さらにキャプテンとしてのキャップ）でもある観念——としての形相であると同時に、テロス——完成ないし達成のあかつきに、終わりを実現し終止符を打つリミットの、終末の観念——としての形相でもある。突き出た先端は始源であると同時に終末であり、始源と終末としておのれを分割する。それは、そこから出発してすべてが生起する＝場所をもつ場所であるか、そこをめざしてすべてが生起する＝場所をもつ場所なのである（ハイデッガーは場所、*Ort* を定義するとき、*Ort* が高地ドイツ語や古ドイツ語においては槍の先端を、すべての力が最終的に結集し合一するところを意味する、ということを喚起している。彼はまた、問いについてそれが思考の敬虔さだと言うとき、*fromm*〔敬虔な〕、*Frömmigkeit*〔敬虔さ〕が *promos* に、すなわち最初に来るもの、戦闘において前衛部隊を指揮し統率するものに由来することを喚起している(3)）。

ヨーロッパが自己を規定し、自己を養い＝錬磨するのは、つねに西方の先端＝岬、終極の先端という形象においてである。この形象においてこそヨーロッパは、みずから自己を自己自身へと同一化する。このようにしてこそヨーロッパは、それがもつもっとも固有なものの〈対自存在〉において、自己にあっての差異としての、自己自身とともに、自己自身のもとにあり続ける自己への差異としての、それ自身の差異において自己自身の文化的同一性を同一化する。そうなのだ。〔ここでの差異は〕自己にあっての〔*avec soi*〕差異であり、それ自身の差異の内でおのれを守護し、おのれを結集する自己というものにあっての〔*avec le soi*〕差異である。〈それ自身の差異の内で〉と言ったが、それは、自己にとっての自己からの〔*de soi*〕差異であるような〈自己への差異〉としての——もしこう言ってよければ——〈他者たちとの〔*d'avec*〕差異〉の内でということであり、〈——とともに〉〔*avec*〕の騒乱を自己において＝わが家で〔*chez soi*〕監視し、それを単なる内部の——存在の用心深い歩哨たちによってしっかり見張られた——境界に宥めてしまうという誘惑、危険、チャンスの内でということである。

さてここで、わたし自身もまたこの喚起の行為を中断し、針路を変更しなければならない。われわれは以上のようなヨーロッパの反省プログラム、ヨーロッパの自己呈示のプログラムをよく知っている。繰り返すけれども、われわれは年老いているのだ。老いたヨーロッパは、自分自身の同一化に関する言説および対抗言説の可能性をすべて汲み尽してしまったように見える。弁証法はそのあらゆる本質的諸形態のもとで、反弁証法を了解し包含する諸形態をも含めて、つねにヨーロッパのこの自伝のために奉仕してきたし、それはこの自伝が告白の外観をもちえたときでもそうであった。というのも、罪の自認、罪責意識、自己告発が古いプログラムから自由でないのは、自己称揚がそうであるのと変わらないからである。同一化一般、同一性の形成と肯定、自己の呈示＝現前化

〔présentation〕、同一性の自己現前（その同一性が民族＝国民の〔nationale〕であろうとなかろうと、文化のであろうとなかろうと――もっとも、同一化はつねに文化的であり、けっして自然的ではなく、自然の自己から自己への外出であり、自己にあっての差異なのだが）――これらはおそらく、つねにキャップの形態を、突き出た先端と先端化＝資本化する貯蔵という船首像＝へさき〔proue〕の形象をもつだろう。だから、わたしがここで、ヨーロッパについてのあらゆるヨーロッパ的言説の始源‐目的論的〔archéo-téléologique〕なプログラムに対立する対抗プログラムの開陳を省略するとしても、それは単に時間の不足のせいだけではない。わたしはただ、ヘーゲルからヴァレリーまで、フッサールからハイデッガーまで、これらの巨大な例を相互に区別するあらゆる差異（わたしはそれらを別のところで、たとえば『精神について』の中で示そうと試みた）にもかかわらず、この伝統的言説はすでに、近代西洋の言説でもあることを指摘しておく。この言説は日付をもつ。それはもっとも今日的《アクチュエル》であり、何ものもそれ以上に今日的ではないが、にもかかわらずそれはすでに日付をもつ。――そしてこの今日性《アクチュアリテ》は、親しげな中にも不気味な、目立たないけれども峻厳なしわを浮かび上がらせる。われわれのすべての日々〔tous nos jours［現代全体］〕の光明《ジュール》、公的なそれであれ私的なそれであれ、われわれのすべての身振り、すべての言説、すべての感情の光明を特徴づけているアナクロニズムの烙印を浮かび上がらせるのだ。この言説の日付は、ヨーロッパがおのれを地平線上に、言いかえると、おのれの終末＝目的（地平〔*horizon*〕はギリシャ語で限界を意味する）の方から、おのれの終末＝目的の切迫の方から見るようになったときに始まる。ヨーロッパについてのこの古い範例的かつ範例主義的言説は、すでに近代の伝統的言説である。それはまた、死——おのれの死である死——を好むとは言わないまでも、終末を好むその嗜好のゆえに、アナムネーシス〔想起〕の言説でもある。

ところで、近代的伝統のこの言説に、われわれはみずから責任をとらねばならない。われわれがこの言説に関してもつ資本蓄積する記憶によって、われわれはこの遺産についての責任を有している。この責任をわれわれはみずから選んだのではない。この責任は、他者としてまた他者から発して、われわれの言語〔langue〔舌＝地峡〕〕の言語であるだけに、ますます強力な命法によってわれわれに課せられてくるのである。この責任、この肝心要の＝生死にかかわる責務を、いかにして引き受けるべきか。いかにして応える＝責任をとるべきか。そしてとりわけ、われわれを初めから一種の必然的に二重の責務の内に、一種のダブル・バインド〔二重拘束〕の内に書き込むがゆえに、矛盾した責任として告知される一つの責任を、いかにしてここで引き受けるべきなのか。事実、この命令はわれわれを分割し、われわれをつねに誤らせ違反させる。というのも、この命令は〈——しなければならない〉〔*il faut*〕を二重化するからである。われわれはヨーロッパの理念の護り手に、ヨーロッパの差異の護り手にならねばならない。しかしこのヨーロッパは、自己自身の同一性に自閉せず、自己自身の同一性ではないものへ、他のキャップあるいは他者のキャップへ、さらにはこれはまったく別ものであるだろうが、この近代的伝統の彼岸であり、もう一つの船＝縁〔bord〕の構造であり、もう一つの岸辺〔rivage〕であるようなキャップの他者へ向かって、範例的に前進していく＝突き出ていくこと〔s'avancer〕にほかならないヨーロッパなのだ。

この記憶に忠実に責任をとること、応答することとと〔répondre de〕と、したがってこの二重の命令に厳密に応答すること〔répondre à〕は、反復することであるべきなのか、それとも断絶することであるべきなのか。あるいはまた、まさに同一性を他性から、他のキャップとキャップの他者から、まったく別の船＝縁から指定するために、別の身振りを発明すること、記憶を前提とする本当に息の長い身振りを発明することを試みるべきなのか。

この最後の仮説こそ、わたしがそちらの方へ進んで行きたいと思っているものである。それは、単に一つの仮説あるいは呼びかけではないし、同時に矛盾した不可能なものとして与えられるものへの呼びかけではない。そうではなく、わたしが思うには、それは今も生起している＝場所をもっているのだ（しかし、だからこそここで考え始めねばならないのは、この「今」が現在的でも現代的でもなく、何らかの現代性をもつ現在でもないということである）。それは到来しつつあるわけでも、すでに到来したわけでもなければ、すでに現在的に〔présentement〕与えられたわけでもない。わたしが思うにはむしろ、この出来事は今日〔aujourd'hui〕ヨーロッパにおいてやって来るもの、おのれを探究しているもの、おのれを約束するものとして、言いかえると、境界＝国境〔frontières〕が与えられているわけでもなく、ヨーロッパがここでは古語的〔*paléonymique*〕な呼称でしかない以上名前さえ与えられてはいない、そういうヨーロッパの今日として生起している＝場所をもっているのである。今日、何ほどかの出来事がもしあるとしたら、その出来事はそこに、すなわち、資本＝キャップ的なもののある種の秩序《オルドル》＝命令を裏切ることによって、他のキャップとキャップの他者とに忠実であるような記憶の働きの中に生起する＝場所をもつ。そしてそれは、「危機」という言葉、ヨーロッパの危機あるいは精神の危機という言葉がおそらくもう適切ではないような、そういう瞬間に到来するのである。

自覚、ひとが意識を取り戻して自分の「意味」を再発見する反省（自己省察〔*Selbstbesinnung*〕）、キャップの＝生死にかかわる〔*capital*〕言説としてのこのヨーロッパの文化的同一性の捉え直し、この覚醒の瞬間は、近代の伝統においてはつねに、危機〔*crise*〕と呼ばれていたものの瞬間に、その瞬間そのものとして展開された。それは決定の瞬間、分割＝判定〔*krinein*〕の瞬間、いまだ不可能な、宙吊りになった、切迫した、脅迫的な決定の劇的な瞬間である。精神の危機としてのヨーロッパの危機、と彼らはみな言う。ヨーロッパの諸限界、輪郭、形相、終末＝目的〔fins〕と極限＝境界〔confins〕、有限性がはっきりしてくる瞬間に、言いかえると、そうした諸限界の固有言語の中に貯蔵されている無限性と普遍性の資本が損なわれ、危殆に瀕するさまが明らかになる瞬間にそのように言うのだ。

これからわれわれは、今日、脅威がどこにあるのかを問いたい。この危機的な瞬間はいくつかの形態をとりうるが、これらの形態はときに重大な差異を含んでいるとはいえ、すべてみな根本的に類比的なある「論理」の特殊化である。まずかつてあったのは、ヘーゲル的瞬間の形態であり、この瞬間においてヨーロッパ的言説は、《絶対知》における精神の自己への回帰と共鳴し合うのだった。《絶対知》とはつまり「歴史の終焉」であり、これは今日でも饒舌な雄弁を引き起こす＝〔それに〕場所を与える〔donner lieu〕力をもっている――たとえば、〔喚起しておくが、これはいわゆる《湾岸》戦争の前だった。《湾岸》〔Golfe〕は《岬》〔Cap〕であるのか、そうでないのか。《岬》の陰画あるいは他者なのか。〕ホワイトハウスの官僚が、マスメディアの大騒ぎの中で「歴史の終焉」を告知するときの饒舌。市場経済、自由主義的・議会制的・資本主義的な民主主義、こういったものの本質的にヨーロッパ的なモデルが、彼の言を信じるなら、普遍的に承認されたモデルとなる見込みであり、地球上のすべての民族＝国民国家〔Etats-nations〕が、われわれ先頭集団に、キャップ〔先端＝頭＝岬〕のすぐそばに、先進民主主義体制の資本＝キャップの先端に、資本が進歩の先端にあるその場所に、追い着こうとしているところだというのである。

「ヨーロッパ諸学の危機」あるいは「ヨーロッパ的人間性の危機」というフッサール的形態もあった。歴史の分析を主導し、この危機の歴史そのもの、デカルトとともにデカルト以来生じた超越論的動機の隠蔽の歴史そのものを主導している目的論は、超越論的共同体の理念によって、すなわち、ヨーロッパがその名であると同時に範例的形象だとされている「われわれ」の主観性によって導かれている。このような超越論的目的論は、すでに哲学の起源から、キャップ〔先端＝頭＝岬〕を指し示していたことになるだろう。

同じ瞬間に、しかも何という瞬間だろう、一九三五‐一九三六年に、精神の地位罷免＝無力化〔*Entmachtung*〕を嘆くハイデッガーの言説があった。精神の無力、無力化、精神からその力を暴力的に剝奪するものは、ヨーロッパ的西洋の地位罷免〔*Entmachtung*〕以外の何ものでもない。超越論的主観‐客観主義、あるいはその症候としてのデカルト‐フッサール的伝統に対立してさえいるのに、それにもかかわらずハイデッガーは、本質的危険を精神の危険として、ヨーロッパ的西洋のものである精神の危険として、万力の圧迫された中心で、アメリカとロシアに挾まれたヨーロッパの中央〔*Mitte*〕で思考することを訴え続ける(4)。

同じ瞬間に、というのは二つの戦争の間、一九一九年から一九三九年にかけてということだが、ヴァレリーは精神の危機を、ヨーロッパの危機、ヨーロッパの同一性の危機、より正確にはヨーロッパ文化の危機として定義する。わたしは今日は、キャップおよびキャップ的なもの＝資本〔le capital〕の配置された方向を選んだのだが、しばしヴァレリーのもとに立ち止まることにしたい。これにはいくつかの理由があるが、それらはみなキャップ的先端に、キャップ的なもの＝資本の論点にかかわっている。

ヴァレリーは地中海のひと＝精神《エスプリ》である。地中海という内海について語るとき、われわれは何を名ざしているのだろうか。われわれが語るすべての名、名一般と同様に、それはある限界、ある否定的限界と同時にあるチャンスを指示しており、喚起された名、名の記憶、固有言語の限界といったものを一つのチャンスたらしめ、言いかえると、同一性のその将来そのものへの開け〔ouverture〕たらしめることに存するであろうような、そういう責任を指示している。ヴァレリーの全作品は、その生まれとその死によってイタリアに近く、ギリシャ－ローマ的地中海から出たヨーロッパ人のものである、ということをわたしは強調する。その理由は、なるほど一つには、われわれが今日ここに、北地中海のラテン的場所であるトリノにいるということかもしれない。しかし、この地中海の縁＝沿岸はまた、わたしにとって、つまり他の岬〔l'autre cap〕ではないにせよ、他の縁＝沿岸〔l'autre bord〕から（主としてフランス的でも、ヨーロッパ的でも、ラテン的でも、キリスト教的でもない縁＝沿岸から）やって来たわたしにとって、「キャピタル」という語のゆえにも興味深い。というのも、この語はわたしを、わたしの話の最もためらいがちな、不安定な、分裂した、決定不可能でありながら決定された地点に、ゆっくりと連れていくからである。

事実、この「キャピタル」という語は、その固有言語の身体、同じ身体の内に、もしこう言ってよければ、二種類の問い〔deux genres de questions〕を資本蓄積している。もっと正確に言うなら、二つの性＝種類をもつ一つの問い〔une question à deux genres〕を資本蓄積しているのだ。

一、この問いはまず女性のものになる＝女性形で回帰する〔revenir au féminin〕。すなわち、首都＝ラ・キャピタルについての問いである。われわれは今日、この問いを回避することはとうていできない。ヨーロッパ文化の首都となる場所、将来にわたって首都となる一つの場所があるだろうか。久しく人類あるいは地球の首都として自認し、今日その役割を放棄することがあるとしても、それはヨーロッパ・モデルの地球化の物語がかなりの真実らしさをもつときでしかないだろう、とある種の人々が考えているヨーロッパのただ中に、少なくとも象徴的な中心を計画することができるだろうか。この問いは、こうした形態のままでは、乱暴で時代遅れのものに見えるかもしれない。もちろん、ヨーロッパ文化の公的首都などというものはないだろう。誰もそんなものを考えてはいないし、誰もそんなものを受け容れはしないだろう。しかし、だからといって、首都についての不可避の問いが消え去りはしない。この問いは今後、文化的覇権を追求するすべての闘争の方へ合図することになる。いくつかの固有言語といくつかの文化産業の、すでに確立された伝統的に支配的な権力を通じて、新しいメディアや新聞、出版の異常な成長を通じて、大学を通じて、技術‐科学的権力を通じて、新しい「毛細管現象」を通じて、ときには隠微なしかしつねに仮借ない競争がすでに始まっているのだ。こうした競争は、これからは新しい様式に従って、急速に変化する状況、中央集権的欲動が国家を経由するとはかぎらない状況のなかで行なわれる（というのも、ある種のケースにおいては、私的および超民族＝国民的〔transnationaux〕な支配との闘いにさいして、古い国家的諸構造がわれわれを助けてくれることさえありうるし、それを慎重に期待することもできるからだ）。こうした文化的支配の諸様式の新しさを考え、ペレストロイカ、ベルリンの壁の崩壊、いわゆる民主化の運動、ヨーロッパを横断する多かれ少なかれ潜在的なすべての潮流、これらに端を発して羨望の的となった地理的‐政治的諸領野を考えてみよう。首都についての問い、つまり覇権的中心性についての問いが再浮上してくるのがわかるのは、まさにそのときである。この中心がもはや大都市の伝統的形態の内に固定されえないということは、なるほどわれわれに、今日都市で起こっていることを確認するという義務を課す。けれどもそのことは、あらゆる首都への参照を消し去るわけではなく、まったく逆なのである。この参照は、技術‐科学的および技術‐経済的な所与によって深刻に変形された問題系の内部に翻訳され、置き換えられねばならない。技術‐科学的および技術‐経済的所与と言ったが、こうした所与はまた、とりわけ、生産、伝達、そして当の問題系を形式化しようとする諸言説の構造と諸効果に影響を及ぼしている。そしてまた、そうした諸言説を生産したり公にしたりする人々——すなわちわれわれ自身、かつてはこともなげに知識人と呼ばれていた者たち——の形象にも影響を及ぼしているのだ。

第一の緊張、第一の矛盾、二重の命令。すなわち、一方においてヨーロッパの文化的同一性はおのれを四散させてしまうことはできない（「できない」〔ne peut pas〕とわたしが言うとき、それは「してはならない」〔ne doit pas〕という意味にもなるはずである。——困難の核心にはこの二重の体制がある）。ヨーロッパの文化的同一性は、おびただしい数の諸地方、いたるところに嵌め込まれた固有言語、自己保存に汲々として翻訳不可能な小ナショナリズムの多数性などにおのれを四散させることはできないし、また四散させてはならない。大循環＝交通〔grande circulation〕の現場、翻訳とコミュニケーションの、したがって媒介＝メディア化〔médiatisation〕の大道を放棄することはできないし、また放棄してはならない。だが他方において、ヨーロッパの文化的同一性は、中央集権的権威をもつ首都を受け容れることはできないし、また受け容れてはならない。このような首都は、超ヨーロッパ的な文化的装置を通して、国家的であれ非国家的であれ、出版やジャーナリズムやアカデミズムの集中体制を通して、コントロールし画一化することによって、言説や芸術的実践を一つの可知性の格子に、哲学的・美学的規範に、効率的で直接的なコミュニケーションの水路に、視聴率や商業収益率の追求に従属させる。実際、このような規格化は、移動可能で遍在的かつきわめて迅速なメディアの網の目を通して、てっとり早く「売りものになる」衆愚的コンセンサスの場を再構成し、あっというまにすべての境界《フロンティエール》＝国境を越え、あらゆる場所、あらゆる瞬間に、文化的首都、覇権的中心、新しい帝国＝統治〔*imperium*〕のメディア・センターないし中央処理施設を作り上げるのである。英語でテレビについて言うように、それはリモート・コントロール〔遠隔操作〕であり、ほとんど直接かつ絶対的に遠隔支配された遍在性である。文化的首都を一つの大都市に、地理的-政治的な土地や首都に結びつける必要はもうこれからはないだろうが、それでもなお、首都の問題はそっくりそのまま残っている。しかも、それについての「政治」――これはおそらく、その名に価する政治を構成することはもうないだろう――が、もはやポリス〔都会、都市、アクロポリス、街区〕には結びつかないし、そのうえポリテイア〔国家＝政体〕やレス・プブリカ〔国家＝公共体〕といった伝統的概念にも結びつかないだけに、いっそう強い浸透力をもったものとして残っている。われわれが突き進んでいるのは、おそらく、もはや政治的とも非政治的とも呼べず、新たな諸概念を表わすために慎重に古い言葉を使うなら、「準政治的」〔quasi politique〕とでも呼べそうな地帯ないし位相の中へである。この言葉は、またしてもヴァレリーの準引用であり、彼は、ヨーロッパの危機としての精神の危機に捧げられた一連のテクストに、「準政治的試論」という総題を付けたのである。

　したがって、独占でも四散でもない。もちろんそこにはアポリアがあるし、われわれはそれをみずからに隠すべきではない。モラル、政治、責任といったものは、もしもそのようなものがあるならば、アポリアの経験とともにしかけっして始まることはなかっただろう、とわたしはあえて言いたい。通路が与えられているとき、知があらかじめ道を開いているときには、すでに決定はなされているのであって、なされるべき決定はないも同然である。無責任、潔白意識のもとで、ひとはプログラムを適用する。おそらく、そしてこれはありうべき反論なのだが、ひとがプログラムから自由になることはけっしてないだろう。そうなると、そのことを承認し、道徳的あるいは政治的責任について権威をもって語ることをやめなければならない。この責任〔responsabilité〔応答可能性〕〕ということの可能性の条件は、ある不可能なものの可能性の経験であり、そこから出発して唯一可能な発明を、すなわち不可能な発明を発明すべきアポリアの試練なのだ[5]。

ここでは、アポリアは矛盾という論理的形態をとる。いわゆる「民主化」の運動が急速に進むのも、やはりかなりの程度、この技術的‐メディア的な新しい力のおかげであり、イメージ、観念、モデルと言われるものの迅速かつ不可抗的な、強い浸透力をもつ循環のおかげであり、諸言説の極端な毛細管現象〔*capillarité*〕のおかげであるだけに、この矛盾はますます深刻である。われわれには、われわれの興味を引く無数の筋道を、その微細さが極微になる瞬間、地点、先端においてこの語に認めるために、「毛細管現象」という語を無理に使う〔tirer par les cheveux〔髪の毛でひっぱる〕〕必要があるわけではない。それは、頭と長《シェフ》との最も近くに配線され〔*câblée*〕、照準を定められている〔*ciblée*〕から、ほとんど直接的な循環、コミュニケーション、灌漑作用となっている。こうした毛細管現象は、ただ単に国境を越えるだけではない。周知のように、一定限度を超えて稠密になりコントロール不能となった国内の電話網に対しては、もはや全体主義体制でさえ有効に闘うことはできない。ところが、いかなる「近代」社会も（そして近代性は、全体主義にとって至上命令である）電話の技術的‐経済的‐科学的なサーヴィスを――すなわち、それ自身の解体を引き起こすのにおあつらえ向きの「民主主義的な」往来の場を、いつまでも未発達のままにしておくわけにはいかない。だから電話は、全体主義にとっては、自己自身の崩壊の不可視の予表、不可避の処方となる。実際、そればかりではない。公的なものと私的なものとの境界がかつて一度でも厳密であることがあったとして、電話はもはやこの境界をそのままにしてはおかない。「公表性」〔*publicité*〕の通常の諸条件が禁止され、「書かれた」報道や「語られた」報道、そのすべての形態における出版が禁止されたところで、電話は世論＝公的意見〔*opinion publique*〕の形成に着手する。要するに、電話線や近い将来のテレビ電話は、コミュニケーションの偉大な水路、テレビやテレタイプといったものと不可分であり、こうしたメディアの道は、コンセンサス〔合意〕をめざす自由な討議の名において、伝統的民主主義の名においてこそ開かれるのだとすれば、これらに反対して闘うことは問題にもなりえまい。細分化し、周辺化し、区画化し、禁止し、遮断することは、反民主主義的であるだろう。

とはいえ、ヨーロッパの文化的同一性を気遣う者にとって、ここでもまた他所と同じく命令は二重であり、矛盾している。すなわち、中央集権的覇権（首都）が再構成されないように警戒しなければならないとしても、だからといって、諸境界つまり辺境〔marche〕や周縁〔marge〕を増殖させてはならないのである。少数派の諸差異、翻訳不可能な諸方言、民族＝国民〔nation〕の対立、固有言語の排外主義を、それ自体として養わないようにしなければならないのである。責任＝応答可能性は、今日、これら二つの矛盾した命法のどちらをも放棄しないことにあるとわたしには思われる。したがって、首都と無首都、首都と首都の他者、こういった二つの命法、二つの約束、二つの契約の同盟を書き込む、身振りや言説や政治‐制度的実践の発明に努めなければならないのだ。これは困難なことである。二つの矛盾した法に責任を負うこと〔répondre de〕であったり、二つの矛盾した命令に応答すること〔répondre à〕であったりする責任＝応答可能性〔responsabilité〕を考えることは、不可能でさえある。たしかにそうだ。しかしまた、不可能なものの経験でないような責任は存在しない。さきに言っておいたように、責任はそれが可能なものの次元において果たされるとき、ある傾きに従いプログラムを実行しているにすぎない。それは行為を適用の帰結に、知あるいは技能＝行為知〔savoir-faire〕の適用にしてしまい、道徳と政治をテクノロジーにしてしまう。それはもう実践理性や決断には属さない。つまり無責任になり始めているのだ。途中の諸段階を無視し、多くの媒介を省略して言うなら、ヨーロッパの文化的同一性は、同一性一般あるいは同一化一般と同じく、もしもそれが、いわばおのれ自身の「自己との＝自己にあっての」〔avec soi〕法外な差異にふさわしく＝尺度を超えた差異を尺度として、自己と他者とに等しくあるべきであるなら、この不可能なものの経験に属するし、したがって属するべきなのである。にもかかわらず、責任を不可能なものの物差しでしか測らないモラルや政治がいったいどんなものでありうるのか、ひとはつねに問う権利をもつだろう。それではまるで、可能なものしか行なわないことが、倫理や政治の領域を離れることに帰着するかのようだ。逆に言うなら、真正の責任を負うためには、不可能な諸決定、実行しえない諸決定、適用しえない諸決定しか下してはならないかのようである。もしこのような二者択一の二つの項が、解消不能な矛盾と本当の等価物とを同時に表わしているとしたら、アポリアは入れ子状に＝深淵の中に〔en abyme〕反射＝回帰し、資本化＝先端化されて、他の仕方で思考するように、あるいは結局、ここで「可能なもの」（可能性――不可能な――不可能なもの、等々）という謎めいた形態で告知されているものを思考するように、かつてなく強く命じているのである。

ヨーロッパ文化の首都の場所への問いは、今日どんな新しい言葉によって、どんな他のトポロジーに従って提起されるのか、とわれわれが問うてきたのは、まさしくこの方向においてである（もしこの方向をなおも言うことができ、同定することができるとすれば）。この場所は、厳密に政治的な（何らかの国家的もしくは議会的制度の設置に結びついた）場所でもなければ、経済的もしくは行政的な決定の場所でもなく、その地理的事情、空港の大きさ、ヨーロッパ議会の規模に応じたホテルなどインフラ・ストラクチャーの収容能力といった理由で選ばれる都市（ブリュッセルとストラスブールの有名な競争）でもないが、少なくとも象徴的な場所である。この首都の仮説は、直接的にであれ間接的にであれ、つねに言語にかかわっている。単に国語〔langue nationale〔民族＝国民言語」）もしくは固有言語の勢力にばかりではなく、言語もしくは言語活動の概念の勢力、使用される固有言語の理念の勢力にもかかわっている。

　ここで特定の例をあげることは差し控え、とりあえず一般的なことを強調しておこう。文化のコントロールのためのこの闘争において、言いかえると、移動可能で超〔hyper〕——もしくは超〔supra〕——民族＝国民的な意味でヨーロッパ的であるだけに、ますます強力になる首都のまわりに文化的同一性を秩序づけようとするこの戦略において、民族＝国民的覇権が経験的優越性の名において、すなわち単なる特殊性の名において要求されるということは、かつてもなかったし今日でもない。したがって、本質的に近代的な現象としてのナショナリズム、民族＝国民的肯定は、つねに一つの哲学素〔philosophème〕なのである。民族＝国民的覇権は、普遍的なものについての記憶と責任における特権の名において、おのれを呈示＝現前化し、おのれを要求し、おのれを正当化すると主張する。したがって、超民族＝国民的なもの、それどころか超ヨーロッパ的なもの——そしてついには超越論的なもの、存在論的なものについての記憶と責任における特権の名において、そうするのである。この議論の論理的図式、この民族＝国民的自己主張＝自己肯定の靱帯、民族＝国民的「自我」ないし「主体」の核心的言明は、そっけなく言えばこうである。「わたしは（われわれは）ヨーロッパ的であるからこそますます民族＝国民的であり、超ヨーロッパ的・国際的であるからこそますますヨーロッパ的であり、この者以上に、つまりあなたがたに語っているこの〈われわれ〉以上に、世界市民的で真に普遍的な者は存在しない」。どんなに逆説的に見えようと、ナショナリズムとコスモポリタニズムはいつもよろしくやっているものである。フィヒテ以来、多くの例がそれを証明しているだろう。この「先端＝岬＝資本主義的《キャピタリスティック》」なコスモポリタニズムの言説の論理において、しかじかの民族＝国民、しかじかの固有言語の固有性は、それがヨーロッパのキャップ〔先端＝頭＝資本〕であることに存するだろう。そしてヨーロッパの固有性は、アナロジーによって、人類＝人間性《ユマニテ》の普遍的本質にとってのキャップ〔先端＝頭＝資本〕として前進する＝突き出ていくこと〔s'avancer〕にあるだろう。*s'avancer*〔前進する＝突き出ること〕。まさにこの言葉である。この言葉は、われわれがここで注視している諸形象の大部分を資本蓄積している。s'avancer〔前進する＝突き出ること〕とは、たしかに、おのれを呈示＝現前化すること〔*se présenter*〕であり、おのれを導き入れること、おのれを示すことであり、したがって、おのれを同定＝同一化すること、おのれを名ざすことである。s'avancer〔前進する＝突き出ること〕はまた、自己の前を見つめながら（「ヨーロッパはおのずから西を見つめる」）前方に飛び出すこと、予料＝先取りすること、機先を制すること、海あるいは冒険に乗り出すこと、ときには攻撃的なやり方で主導権を握って出し抜くことである。s'avancer〔前進する＝突き出ること〕はさらに、危険を冒すこと、自分の力を過信すること、仮説を立てること、もはや何も見えないちょうどその地点で嗅ぎつけることでもある（シラノの鼻、先端、半島）。ヨーロッパは突出部〔avancée〕——地理的および歴史的な前衛〔avant-garde〕——をもって自認している。それは、突出部として前進して＝突き出していくのであり、他者に対して突出する＝言い寄る＝先行投資する〔faire des avances〕のをやめてしまうことはないだろう。引き入れ、誘惑し、産出し、指揮し、おのれを増殖させ、養い＝耕し、愛したり犯したりし、犯すことを愛し、植民地化し、おのれ自身を植民地化するために。

わたしはフランス語を話すので、間－民族＝国民的抗争〔*polemos* inter-national〕を引き起こさないためにも、ここではフランス共和国のすべての多数派に最も共通して見られる物言いを引いておこう。これらすべての多数派は、例外なく、フランスのために、つまりもちろんパリのために、あらゆる革命の首都パリそして今日のパリのために、前衛の役割を要求している。(6)たとえば、民主的文化の理念における、すなわち端的に自由な文化の、人権とさらには国際法の理念に基づく文化の理念における前衛の役割を。今日イギリス人たちが何と言おうと、人権を発明したのはフランスであって、それらの人権のなかでは、またしてもヴァレリーを引用すれば、「最も日常的な使用における」「思想の自由」は「出版の自由あるいは教育の自由」を意味する、というわけである。(7)

わたしはここで、例として、外務省（国際文化関係局）から出されたある公式文書をあげてみたい。この質の高いテクストは、有能かつ説得力ある仕方で、「ヨーロッパ文化の構築」と呼ばれるものを定義している。ところでこのテクストは、その定義をするために、制覇と賦課と精神とを結びつけた「ヨーロッパ文化空間会議」（一九八八年六月一八日、シュトゥットガルト）の文章を冒頭に引いている（しかも、「《精神》」は「イギリス人《ブリーテ》」や「《人種》〔race〕」〔「競走」や「競争」の意味もある英語〕と並んで、ヨーロッパ共同体の技術開発計画の一つの固有名でもあるのだ）。強調しつつ引用しよう。「精神の制覇〔*conquête des esprits*〕が先立たないような政治的野心は存在しない。ヨーロッパの統一、連帯の感情を賦課する〔*imposer*〕責任を担うのは文化なのである」。向かい合った頁では、「集団的意識の覚醒」においてフランスが果たす「決定的役割」が強調される。この文書はまた、閣議でのある報告を冒頭に掲げているが、それによると、「フランス文化」は、「近代を構築するのに貢献する創造の国としてのフランスに眼を向けるように他国に教える」という働きをする。もっと明確に言うなら（わたしはここで、応答、責任＝応答可能性、今日といった語彙を強調したい）、「それ〔フランス、フランス文化〕は、今日に責任を負うのであって、このことがそれには期待されているのである」。フランスの文化的同一性は、したがって、ヨーロッパの今日に責任を負うだろうし、だからまたいつものように、超ヨーロッパ的、外-ヨーロッパ的〔outre-européen〕な今日に責任を負うだろう。それは世界に責任を負うだろうし、人権と国際法とに責任を負うだろう、というわけである。――このことは、まったく論理的に次のことを予想する。すなわち、フランスの文化的同一性は、人権と国際法との法＝権利〔droits〕の原則（これの再肯定は無条件的であるべきだし、無条件的でしかありえない）と、それらの行使の具体的諸条件、それらの表象の規定された諸限界、利害や独占や既成の覇権に応じて生じるそれらの適用における濫用や不公平といったものとの隔たりについて、それを最初に告発すべき任務を負う、ということである。任務はつねに、緊急であると同時に無限である。それに対しては不等であることしかできないが、この不一致を規定し、解釈し、「統御する」にはいくつものやり方がある。それが政治のすべてであり、つねに今日の政治なのだ。そしてこの範例的任務こそ、ここで引用した言説の最初に、フランスがみずからに指定しているものなのだ（「それ［フランス］は、今日に責任を負うのであって、このことがそれには期待されているのである」）。かくして、同一性は責任において創設されるということになるが、これは言いかえると、あとでもう一度問題にするつもりだが、ここでのすべての謎を担っているある種の応答の経験において創設されるということである。「応答する」〔répondre〕とはどういうことか。～に応答する〔répondre à〕とは、～について応答する＝責任を負う〔répondre de〕とはどういうことか。～に対して応答する＝責任を負う〔répondre pour〕とはどういうことか。～の前で応答する＝責任を負う〔répondre devant〕とはどういうことか。

同じテクストはこうも喚起している。フランスは「その前衛としての位置を維持する」べきである、と。砲弾ないしミサイルといった戦略的‐軍事的コード（*promos*〔前衛部隊〕）から引き離しても、引き離さなくても、「前衛」という語はつねにまた「見事な」語でもある。それは、船首像〔figure de proue〕と、つまりへさきの形象、くちばし〔bec〕やペン〔plume〕やペン先〔bec de plume〕のように突き出たファルス状の先端の形象、したがってキャップの形象と、護衛＝保存

〔*garde*〕や記憶の形象とをともに資本蓄積している。それは、回想の価値に前線指揮の価値を付加する。すなわちそれは、機先を制することを引き受ける番人＝守護者の責任、想起の召命なのである。とりわけこの場合、公式文書が言っているように、「前衛の位置」を「維持する」ためにまえもって護衛＝保存し、予料＝先取りすることが肝心であり、したがって、おのれに属し回帰するものを維持するために、前進する＝突き出ていく前衛として自己自身を維持すること、すなわち、またしても自分に属し回帰するもの、つまり「前衛の位置」を維持するために、あえて危険を冒すことが肝心なのだから。

以上では国家の言説を問題としたが、警戒すべきはただ国家の言説に対してばかりではない。最高の善意からのヨーロッパ的企図、一見して明白に多元主義的で、民主的かつ寛容なヨーロッパ的企図でさえ、「精神の制覇」をめざすこの容赦なき競争においては、媒体＝メディア、討議の規範、言説のモデルといったものの同質性を賦課する＝押しつける試みになりかねない。

こうした試みが、新聞・雑誌の企業連合、ヨーロッパ的規模の強力な出版社などを通じて行なわれうることはたしかである。今日、これらの企図は増加＝多様化しており、われわれが注意を怠らないという条件のもとでなら、この事態を慶んでもいいだろう。というのもわれわれは、文化的権力掌握の新たな諸形態に抵抗するために、それらを見破るすべを学ばねばならないからである。上の試みはまた、新しい大学空間や、とりわけある哲学的言説を通じて行なわれうる。この種の言説は、透明性（「透明性」は「コンセンサス」とともに、上で言及したばかりの「文化的」言説の主要語＝呪文〔maîtres mots〕の一つである）や、民主主義的討議の一義性や、公共空間におけるコミュニケーションや、「コミュニケーション的行為」といったものを擁護するという口実のもとに、こうしたコミュニケーションに好都合だとされている言語モデルを賦課する＝押しつける傾向をもっている。可知性＝理解可能性、良識、常識＝共通感覚〔sens commun〕、民主主義的モラルといったものの名において語ると主張しながら、この種の言説は、まさにそのことによっていわばおのずから、当該の言語モデルを複雑化するすべてのものの価値を貶め、当該の言語理念を屈折させ、重層決定し、理論的かつ実践的に問題化しさえするすべてのものを嫌疑し、抑圧する傾向をもつのである。分析哲学やフランクフルトで「超越論的遂行論」〔pragmatique transcendantale〕と呼ばれているものを支配しているある種の修辞的規範は、なによりもこうした関心をもって研究されねばならないだろう。これらのモデルは、制度的権力とも通じ合っているのだが、こうした制度的権力はイギリスとドイツだけにあるわけではない。同じ名のもとに、あるいは別の名のもとに、こうした制度的権力はフランスを含む別の場所にも現前し、強力に作用している。ここで問題になっているのは、まるで暗黙の契約でもあるかのように共通な一つの空間であって、この空間は、報道、出版、メディア、大学、大学の哲学、大学における哲学に広がっているのである。

二、以上は、首都＝ラ・キャピタルについての問いとしてのキャップの問いであった。この問いが、資本＝ル・キャピタルについての新しい問い、資本＝ル・キャピタルをヨーロッパの同一性に結びつけるものについての新しい問いに、いかにして結びつきうるかはすでにおわかりだろう。ごく手っとり早く言ってしまえば、わたしが考えているのは、マルクスの著作『資本論』と資本一般とに関して、読解と分析の別のやり方を発明するような新たな文化の必然性ということである。この別のやり方は、『資本論』と資本一般とを考慮に入れつつ、われわれの内の何人かがこれまでそれに抵抗するすべを知っていた恐るべき全体主義のドグマティズムを回避するが、しかしまた同時に、今日、右翼であれ左翼であれ、新しい状況につけ込み＝搾取し〔exploiter〕、それを臨検＝整序〔arraisonner〕して、「資本」という語、ひいては資本ないし「市場」のある種の諸効果への批判をも、かつてのドグマティズムのおぞましい残滓として追放してしまう、対抗ドグマティズムをも回避する。（前代未聞の技術‐社会的諸構造における）資本の新たな諸効果に対して、新たな批判を行なう勇気と明敏さが必要なのではないか。ここに、われわれに課せられる責任があるのではないか。なかでもとりわけ、ある種のマルクス主義的脅迫に一度も譲歩したことのなかった人々に課せられる責任が。法＝権利、モラル、政治のあいだのずれ、（人間あるいは国家の）法＝権利の無条件的理念とそれらの行使の現実的諸条件とのずれ、かの統制的諸理念の構造的に普遍主義的な主張とこの法＝権利（等々）のヨーロッパ的本質ないしヨーロッパ的起源とのずれ、こういったもろもろのずれを分析し、整合的に処理しなければならない——これが倫理的‐政治的責任の問題のすべてである——と同様に、反資本主義的教義学《ドグマティック》の崩壊への、それを併合＝体内化〔incorporer〕した諸国家における新資本主義的なつけ込み＝搾取には、用心深く抵抗しなければならないのではないか。

さしあたりわれわれは、ヴァレリーへの参照を正当化するために、「資本」という語、より正確にはその固有言語の内容に関心を向けるべきだろう。capital〔資本〕という語は、cap〔先端＝頭＝岬〕という語、そしてまた、colo〔耕す〕に由来するculture〔文化〕や、colonie〔植民地〕、colonisation〔植民地化〕、civilisation〔文明〕などの語と同じように、ラテン語である。この瞬間にわれわれが利用している＝際立たせている〔faire valoir〕意味論的蓄積は、一つの固有言語の中心的な、それ自身が主要な＝資本である貯蔵物《キャピタル》のまわりに、ある多義性を組織している。この固有言語は、このことがまさにここで、少なくとも支配的な仕方ではその言語の中で言われている当の言語なのだが、この言語を注目＝再標記〔remarquer〕すべきものとして与えることによって、われわれは注意を批判的賭金の方へ集中させる。すなわちそれは、もろもろの固有言語と翻訳の問題である。ヨーロッパにおいて、どんな〈翻訳の哲学〉が支配することになるのか。これからは、言語的差異の民族＝国民的硬直化とともに、透明でメタ言語的で普遍的だと称する翻訳媒体の中立性を通した、諸言語の暴力的同質化をも回避しなければならないヨーロッパにおいて。

わたしは覚えているが、昨年、まさにこの場所で、ヨーロッパ的大新聞のために一つの名が選ばれた。すでに存在し、すでに強力な五つの新聞の輝かしい現前を通して、この新しい新聞は、ヨーロッパ文化の五つの首都を結びつけるはずである（トリノの『インディチェ』、マドリードの『エル・パイス』、パリの『ル・モンド』、フランクフルトの『フランクフルター・アルゲマイネ・ツァイトゥング』、そしてロンドンの『タイムズ・リテラリー・サプリメント』）。これに類似した多くの企図の必然性についても、語るべきことは多いだろう。しかしここではただ、この新聞のために選ばれたタイトルを考察するだけにとどめよう。このタイトルはラテン語である。それはドイツ人にもイギリス人にも受け容れられた。この新聞は今後、リベール〔*Liber*〕（ヨーロッパ図書評論）と呼ばれる。この新聞の責任者たちは、これによって各号にその省略的構造を喚起できるから、この名の豊かな多義性を当然ながら大いに気に入っている。この多義性は、ラテン語の基礎的語根の内に、その同形異義と派生形との戯れを結集している。「1．*Liber, era, erum*（社会的に）自由な、自由で解放された独立の状態の、（精神的に）自由な。拘束を免れた、束縛されない、制限を受けない。2．*Liber, eri*　バッカスの名前、葡萄酒。3．*Liber, bri*　ものを書くのに使われた樹皮の内側。書かれたもの、書物、論文。文集、カタログ、新聞雑誌、戯曲」。

かのヨーロッパ文化の同一性を再び覚醒させようとする瞬間に、言語の記憶を呼び戻すべく厳粛に、かつ計算ずくのイロニーをもって戯れ＝賭け＝演技すること〔jouer〕によって、そしてその同一性を、自由と葡萄酒と書物のまわりに結集するというそぶりを見せることによって、ひとは契約を結び直し、同時にヨーロッパ的 - 地中海的固有言語を再肯定する。もしもわたしがそこに、「解放《リベール》せよ」〔libère〕、「きみを解放《リベール》せよ、きみと他者たちを」〔libère-toi, toi et les autres〕という翻訳不能な同音異義表現を付け加えるなら、すなわち、〈きみ〉で呼びかける命令を、「わたし」自身の言語という唯一の固有言語においてしか可能でない指令的行為遂行表現〔performatif jussique〕の形式をもつ、命法的な〈きみ〉への呼びかけを付け加えるなら、あなたがたは、わたしが提起したいと思っている問題にはるかに敏感になってくれるだろう。この問題は、言語についての還元不能な経験にかかわっており、言語を結合〔*liaison*〕に、誓約に、命令あるいは約束に結びつけ＝束縛する〔*lier*〕経験にかかわっている。言語の肯定、「わたしはこの言語できみに話しかけ、この言語できみに誓約する。わたしのことは、わたしの言語で話す通りに聞いてくれ。きみはきみの言語でわたしに話してかまわない。われわれは互いに聞き合う＝了解し合うべきなのだ、等々」ということが、あらゆる理論的 - 事実確認的言明に先立ち、またそれを超えて、この種のすべての言明を開始し、包含し、包摂＝了解しつつ、あらゆるメタ言語に逆らっている。たとえそれがまさにこの理由で、このこと自体によってメタ言語的諸効果を産出しているとしても、その点に変わりはないのだ。

今日、今日においてのみ、なぜ語るのか。そして、今日、なぜヴァレリーの余白《マル》＝欄外《ジュ》に「今日」を名ざすのか。このことが、まったく厳密に正当化されうるとはわたしは考えないが、もしも正当化されうるとしたら、それは、ヴァレリーのあるテクストの内で緊急さ〔urgence〕のしるしを担っているもの、より適切に言うなら、切迫〔imminence〕のしるしを担っているもののせいだろう。われわれは、この切迫の反復を生きているように見えるし、だからこそますます断固たる仕方で、類比と類似の地の上に、しかしその還元不能な特異性をこそ捉え直さねばならないだろう。切迫についてのわれわれの経験は、今日、どの点で異なっているのか。また、こうした分析を遠くから予告して言うなら、当時、ヴァレリーの時代に、われわれのそれにかくも似ているがゆえに、誤ってまた速断によってわれわれがそこから多くの言説的図式を借りてきている切迫は、どのようにおのれを呈示＝現前化していたのか。

『精神の自由』は一九三九年、大戦前夜に現われた。ヴァレリーは大地震の切迫を喚起しているのだが、この大地震は、ただ単に、何よりもまずヨーロッパと呼ばれていたものを解体しようとしていただけではない。それはまた、ヨーロッパをヨーロッパの理念の名において、おのれの覇権を確保しようと試みる《若きヨーロッパ》の名において破壊しようとしていた。西欧民主主義と呼ばれる諸国民はと言えば、こちらはこちらで、ヨーロッパの別の理念の名において、限られた時期ではあったが決定的な時期にソ連と同盟を結んだナチズムを壊滅させることによって、ある種のヨーロッパ的統一を妨げたのであった。一九三九年に切迫していたのは、排除や併合や絶滅を手段として構築されるヨーロッパの恐るべき文化的布置《コンフィギュラシオン》だけではなかった。この切迫はまた、戦争と勝利の切迫でもあり、この戦争と勝利の後には、ヨーロッパ文化の分割が固定化されようとしていたのであって、わが世代の知識人が実際にその中で成年期を過ごした国境線の準‐自然化の時期が迫っていたのであった。ベルリンの壁の解体、ドイツ再統一への展望、まだゆくえ定まらぬペレストロイカ、多種多様な「民主化」の運動、民族＝国民主権への正当ではあるがしばしばきわめて両義的な熱望――これらとともにある今日の日＝光明は、あの奇怪な諸分割の再開披、脱‐自然化にほかならない。今日もまた、切迫と希望と脅威の同じ感情、未知の形態をもつ別の戦争の可能性を前にした不安、宗教的ファナティスム、ナショナリズム、人種主義の古い諸形態への回帰がある。最大の不確定性が見られるのは、ヨーロッパそのものの諸境界についてであり、その地理的‐政治的諸境界について（中央、東と西、北と南）、そのいわゆる「精神的」諸境界について（哲学、一神教、ユダヤ的、ギリシャ的、キリスト教的［カトリック的、プロテスタント的、正教的］、イスラム的記憶といったものの理念をめぐって。したがってまた、イェルサレムを、それ自身が分割され引き裂かれたイェルサレム、アテネ、ローマ、モスクワ、パリ、そして「等々」と言わねばならず、さらに各々の名を最も丁重な執拗さで分割しなければならないが、これらのものをめぐって）である。

『精神の自由』という、まさにヨーロッパ文化の運命を賭金とするこの切迫のテクストにおいてヴァレリーは、まさしく文化を――そして地中海を定義するために、決定的な仕方で「資本」〔*capital*〕という語に訴える。彼は航海や交易を、「商品と神々、思想と方法」を運んでいた「同じ大船」を想い出させる（全集第二巻、一〇八六頁）。「このようにして」と彼は言う。「われわれの文化がほとんどすべてを、少なくともその起源においては負っている一つの宝が構成されたのである。地中海は真の文明製造機械であった、とわたしは言うことができる。だがこれらのすべては、もろもろの出来事を創造したのと同じように、必然的に精神の自由を創造していた。したがって、地中海の縁＝岸辺においては、精神、文化、交易が緊密に結びついていたことがわかるのである」（同所）。

こうした分析の原理を、ライン川沿岸（バーゼル、ストラスブール、ケルン）からハンザ同盟諸港までの諸都市に、すなわち、銀行と技術と印刷術の同盟によって確保された「精神の戦略拠点」に拡大した後、ヴァレリーは、「資本」という語の規則的な多義性を利用する。この語はさまざまな利得＝投資〔intérêts〕を合成し、記憶、文化的蓄積、経済的ないし使用上の価値といった諸意義を付加価値によって豊富にする、と彼は言うだろう。ヴァレリーはこれらの転義のレトリックを引き受けるのだが、資本の種々の諸形象＝文彩《フィギュール》は相互に他を参照させ合うものなので、一つの字義通りの意味の固有性＝財産〔propriété〕にそれらを固定する＝接岸させる〔river〕ことはできない。しかしまた、この字義通りでないことは階層秩序を排除するわけではないし、意味論的連鎖の全体を水平化するわけでもないのだ(8)。

「資本」の諸価値のこの意味論的ないし修辞学的資本蓄積において、もっとも興味深い＝収益を上げる〔intéressant〕瞬間はどんなものだろうか。それは、資本の地域的もしくは特殊的必要性が、普遍者というたえず脅かされた生産物を産出もしくは要求するときである、とわたしには思われる。ところで、ヨーロッパ文化が危険にさらされるのは、まさにこの理念的普遍性が、資本の生産物である普遍者の理念性そのものが脅かされるときなのだ。

「文化とか文明とか言っても、これらはかなり漠然とした言葉であり、両者を区別したり、対立させたり、結びつけたりして楽しむこともできる。しかしわたしは、そういったことにかかずらわうつもりはない。わたしにとって重要なのは、前にも述べたように、それが一つの資本であって、この資本は想像可能なすべての資本と同様に、形成されたり、使用されたり、維持されたり、成長したり、危機に陥ったりするものだ、ということである。想像可能なすべての資本と言ったが、その中でももっともよく知られているのはおそらく、われわれの身体と呼ばれているものだろう……」（第二巻、一〇八九頁、強調はヴァレリー）。

「想像可能なすべての資本と同様に」——この類比的連鎖が喚起されるのは、資本の語彙とこうして導入されるレトリックとを正当化するためである。わたしとしては、ヴァレリーがすでに、実際にはもっともよく知られた資本として、もっともなじみ深い資本として強調している「われわれの身体」を強調する。これは、資本にそのもっとも字義通りの意味を、あるいはもっとも固有な意味を付与し、すでに前で見たように、頭やキャップのもっとも近くにおのれを結集するのだが、わたしがこれを強調するのは、いわゆる固有の身体、「われわれの身体」、性的差異によって性化され、分割されたわれわれの身体としての身体は、問題の無視しえない場所の一つであり続けているからである。言語、固有言語、キャップへの問いもまたこの身体を経由している。

ヴァレリーの診断は、ある危機の、こう言ってよければ典型的な危機の、つまり、文化の資本としての資本を危険にさらす危機の吟味である。「われわれの文化の資本は危殆に瀕している、とわたしは言っているのだ」（第二巻、一〇九〇頁）。ヴァレリーは医者として、「熱病」の症状を分析する。彼は資本の構造そのもののなかに悪を位置づける。資本が事物の実在性を、すなわち物質文化を前提していることはたしかだが、それはまた人間の存在をも前提している。ここでのヴァレリーのレトリックは、同時に文化的、経済的、技術的、科学的、軍事的——戦略的である。

「《文化》あるいは《文明》というこの資本は、何から構成されているのだろうか。それはまず第一に、事物から、すなわち書物、絵画、道具＝楽器など、事物として一定の持続性、脆弱性、はかなさをもつ物質的対象から構成されている。しかしこの資材だけでは足りない。それはちょうど、金塊や一ヘクタールの肥沃な土地や機械が、それらを必要としそれらの使い方を知っている人間がいなければ、資本ではないのと同様である。この二つの条件に注意されたい。文化の資材が資本となるには、同様に、それを必要としそれの使い方を知っている人間の存在が要求される。——つまり、認識や内的変貌の能力や感受性の発達を渇望し、他方では、過去の諸世紀が蓄積してきた記録や道具の兵器庫を利用するために、必要な習慣、知的訓練、規約、方法などを獲得したり、行使したりするすべを知っている人間が要求されるのである。

われわれの文化の資本は危殆に瀕している、とわたしは言っているのだ」（第二巻、一〇八九—九〇頁）。

したがって、記憶の言語（貯蔵、保管、記録、蓄積）が、経済言語や戦争学の技術的‐科学的言語（「認識」「道具」「能力」「兵器庫」等々）と交差する。資本を狙っている危険は、本質的に資本の「理念性」を脅かす。われわれの「理念的資本」とヴァレリーは言う。理念性が由来するのは、資本化＝先端化の運動そのものの中で、おのれを極限化＝脱‐限界化〔dé-limiter〕し、感性的経験性ないし特殊性一般の境界＝国境を越えて無限なるものに開かれ、普遍者を生起させる＝〔それに〕場所を与えるものからである。先に見たように、精神そのものにほかならない最大限性〔maximalité〕の格率〔maxime〕が、ヨーロッパ的人間にその本質を指定するのだ（「もろもろの最大限〔maxima〕のこの総体がヨーロッパである」）。

われわれはこの論理の——あるいは類比論理〔*analogique*〕の——プログラムをよく知っている。われわれはそれを、古きヨーロッパの哲学者たるわれわれ自身がそうである専門家として、形式化してみることもできるだろう。それは一つの論理であり、論理そのものであって、わたしはそれをここで批判しようとは思わない。わたしはそれに同意＝署名〔souscrire〕する用意がある、とさえ言えるだろうが、ただしそれは片手だけでのことである。というのも、わたしはもう一方の手を、おそらくはヨーロッパの外でものを書いたり、探究したりするためにとっておくからである。ただ単に、研究、分析、学知、哲学など、すでにヨーロッパの外にも見出されるものの様式で探究するためにだけ、そうするのではない。出来事の将来＝来たるべきもの〔l'à-venir〕に、来るところのものに、おそらく来るだろうが、おそらくまったく別の岸辺から来るだろうものに、あらかじめ境界を閉ざしてしまわないためにも、そうするのである。

　われわれがここで確認されるのを見ている資本《キャ》の＝主要《ピタル》な論理によると、ヨーロッパの同一性を脅かすものは、本質的にはヨーロッパを脅かすのではない。それは、《精神》の内で、ヨーロッパが責任を負っている普遍性を、ヨーロッパがその貯蔵庫であったり、資本であったり、首都であったりする普遍性を脅かすのだ。理念的資本として文化的資本を危機にさらす（「わたしは、われわれの理念的資本の規則的形成にとって、この上もなく貴重な諸存在の漸次的消失に立ち会ってきた」）のは、次のような人間たちの消失である。すなわち、「失われた美徳、読むすべを知っていた」人間たち、「聞くすべ、耳を傾けるすべさえ知っていた」人間たち、「見るすべ」を、「くりかえし読み」「くりかえし聞き」「くりかえし見る」「すべを知っていた」人間たち——一言で言うなら、反復と記憶の能力をもち、応答する準備のできた人間たち、初めて聞いたり、見たり、読んだり、知ったりしたことの前で応答し、それらについて応答し＝責任を負い、それらに対して応答する準備のできた人間たちの。この責任を負う記憶によって、「堅固な価値」〔*valeur solide*〕（ヴァレリーはこの二語を強調する）へと構成されたものは、同時に絶対的付加価値を、すなわち普遍的資本の増大を産み出す。「彼らがくりかえし読み、くりかえし聞き、くりかえし見ることにこだわったものは、この反復によって堅固な価値へと構成された。これによって普遍的資本が増大した」（第二巻、一〇九一頁）。

　この言説に、別の方を見やりながら同意した上で、わたしの結論を急ぐことにしたい。急がせること〔précipitation〕もまた、われわれの頭を前のめりにさせる長《シェフ》の運動である。問題はまさに、普遍性の生死にかかわる＝主要な逆説である。この逆説の内ではあらゆる二律背反が交差し合っているが、われわれはそれらの二律背反に対していかなる規則も、いかなる一般的解決ももたなかったように見える。われわれがもっているのは、またもつべきであるのは、ただ味気なく不粋な一つの抽象的公理、すなわち、文化的同一性ないし同一化の経験はこれらの二律背反を耐え抜くことでしかありえない、ということのみである。「われわれはいかなる規則も、いかなる一般的解決ももたなかったように見える」とわれわれが言うとき、実際これは、「われわれはそれらをもたなかったのでなければならない」という意味を含むのでなければならないのではないか。単に「そうならざるをえない」〔il faut bien〕のではなく、絶対に「そうでなければならない」〔il le faut〕のである。このすべてを手放した曝露〔exposition〕は、そこで一つの責任が、もしもそのようなものがあるならば、おのれを肯定するチャンスを保持している命法の消極的形式である。規則の一般性をあらかじめ自由にすること、二律背反（言いかえると、矛盾した二重の法であって、法とその他者との対立ではない）への解決として、所与の能力あるいは知識として、また各々の決定、各々の判断、各各の〈責任の経験〉の特異性を統制するために、個別ケースとしてのそれらに適用されることによって、それらの特異性に先立つような知〔*savoir*〕および権能〔*pouvoir*〕として、規則の一般性を自由にすることは、無責任性＝応答不可能性〔*irresponsabilité*〕としての責任＝応答可能性の、法的計算と混同されたモラルの、技術‐科学において組織された政治のもっとも確かな、もっとも揺るぎない定義であろう。二律背反の耐え抜きを経由しない〈新しいものの発明〉は、危険なまやかしであり、不道徳プラス潔白意識であり、ときには不道徳としての潔白意識であろう。

　ここにおいて、普遍性の価値はすべての二律背反を資本化＝先端化している。なぜならそれは、何らかの特異性や固有言語や文化のもつ固有の身体に、普遍的なものを書き込む範例性〔*exemplarité*〕の価値に結びつかざるをえないからだ——その特異性が個人的であるかないか、社会的であるかないか、民族＝国民的であるかないか、国家的であるかないか、連邦的あるいは連合的であるかないか、といったことにかかわらず。同一性の自己主張＝自己肯定〔auto-affirmation〕は、それが民族＝国民的な形態をとるかどうか、洗練された歓待する形態をとるか、攻撃的な外国人排斥の形態をとるかにはかかわらず、つねに普遍者の呼びかけや指定に対して応答していると主張する。この法則にはいかなる例外もない。いかなる文化的同一性も、翻訳不能な固有言語の不透明な身体としてではなく、つねにその逆に、特異なものへの普遍的なものの交替不能な書き込みとして、人間的本質と人間の固有性との唯一の証言として、おのれを呈示＝現前化する。どんな場合にもそれは責任の言語である。すなわち、普遍性のために証言する責任をわたしが、唯一の「わたし」がもっている、というのである。どんな場合にも、範例の範例性は唯一である。だからこそそれは大量生産されて、一つの法則の内に形式化されるのである。可能なすべての諸事例の中から、わたしはここでもう一度ヴァレリーのケースを取り上げてみたい。結局、彼のケースは他のケースと同様に、典型的でもあれば、原型的でもあると思われるからだ。それにこの場合、ヴァレリーは、あなたがたに話しているわたしにとって、フランス中心主義そのものを、それが保存するもっとも「滑稽」でもっとも「美しい」——これらはヴァレリーの言葉である——点において、フランス語で告発するという長所をもっているのである。われわれは依然、切迫の劇場のなかにいる。これは一九三九年のことである。ヴァレリーは、彼がフランスの「称号」と呼ぶもの、つまりまたしてもその資本――というのも、称号〔titre［有価証券］〕の価値は長《シェフ》の、帽子の、キャップ〔先端＝頭〕の、資本の価値であるから――のことを喚起しつつ、『フランスの思想と芸術』という試論をこう結んでいる。

「最後にわたしは、フランスについてのわたしの個人的印象を簡単に要約して終わりたい。すなわち、われわれの特殊性（ときにはわれわれの滑稽さ、だがしばしばわれわれのもっとも美しい称号）は、自分を普遍的だと信じ、感じることである。――つまり、普遍のひと〔*hommes d'univers*〕と……。特殊性として普遍者の感覚をもつ、という逆説に注目されたい」(9)。

このように記述されているものは、気づかれるだろうが、一つの真理あるいは本質ではなく、一つの確信でさえない。それはヴァレリーの「個人的印象」であり、彼はそれをそのまま述べているのであって、しかも「信念」および「感覚」に関する印象である（「自分を普遍的だと信じ、感じる」）。しかしこうした主観的現象（信念、感覚、そのとき「われわれ」と言っている者のそれらに関する印象）は、主観的現象であるにもかかわらず、その「特殊性」におけるフランス的意識の本質的ないし構成的特徴をなすだろう。この逆説は、ヴァレリーがそう思うことのできた、またそう思うことを欲した以上に、はるかに異様な逆説である。実際、フランス人だけが自分を「普遍のひと」と感じるわけではないし、ヨーロッパ人だけがそう感じるわけでもないだろう。フッサールもまた、ヨーロッパの哲学者についてそう言っていた。すなわち、ヨーロッパの哲学者が普遍的理性に自己を捧げるとき、彼は「人類＝人間性〔humanité〕の公僕」でもあるのだ、と。

この逆説の逆説から出発して、連鎖状の亀裂の増殖によって、あらゆる命題あらゆる命令は分割され、キャップ〔先端＝頭＝岬〕は引き裂かれ、資本＝キャップ的なものはおのれを見失う＝非同一化する〔se désidentifier〕。それが自己自身に関係するのは、もはや単に自己自身との＝自己自身にあっての差異の内で、他のキャップとの、キャップの他の縁との差異の内で、おのれを結集することによってではなく、もはやおのれを結集することもできずに開かれることによってである。それは開かれる、すでに開かれ始めたのであって、このことをはっきり確認しなければならないが、確認というのは喚起しつつ肯定することであり、いずれにせよ作用し始めることになるある必然性を、ただ保存したり記録したりすることではない。それが開かれ始めたのは、他のキャップの他の岸へと向かってであり、たとえそれが対立していたり、戦争中でさえあったり、この対立が内的であったりするとしても、やはりそうである。だがそれは、同時に、まさにそのこと自体によって、キャップ一般の他者を見分け始めたのであり、キャップ一般の他者がやって来るのを見始めたのであり、キャップ一般の他者を聞き＝了解し〔entendre〕始めたのである。さらにもっと根元的な、もっと重大なこと（とはいえこの重大さは、他者の経験そのものにほかならない軽微かつ知覚しがたいチャンスの重大さである）は、それが他者へと、つまり、キャップがもはや自己自身に、それの他者〔*son autre*〕として、自己とともにある＝自己にあっての他者〔*l'autre avec soi*〕として関係づけることもできない他者へと、自分自身からおのれを開くことなしに開かれ始めた、あるいはむしろ、開かれるがままになり始めた、いやもっと適切に言うなら、開きに悩まされ＝感動させられ〔affecté d'ouverture〕始めた、ということである。

そういうわけで、ヨーロッパの記憶の呼びかけに応答し、ヨーロッパの名のもとに約束されたものを呼び戻し、ヨーロッパを再同定＝再同一化するという義務は、この名のもとに一般に了解されているものとは共通の尺度をもたない＝比べものにならない〔sans commune mesure〕けれども、他のいかなる義務もおそらくそれを沈黙裡に前提していることが示されるような義務である。

この義務はまた、岸辺でもあるゆえにおのれを分割していく岬の方から、ヨーロッパを開くように命じ、ヨーロッパではないもの、ヨーロッパではけっしてなかったもの、ヨーロッパではけっしてないだろうものへと向かって、ヨーロッパを開くよう命じる。

この同じ義務がまた、異邦人を統合するためばかりでなく、その他性を承認し受け入れるためにも迎え入れることを命じる。これらは今日、われわれのヨーロッパ意識、民族＝国民意識を分割している二つの歓待性〔hospitalité〕の概念である。

この同じ義務が、資本に終焉をもたらすと言って民主主義とヨーロッパの遺産を破壊した全体主義のドグマティズムを（「理論的 - 実践的に倦むことなく」）批判するとともに、われわれが同定することを学ぶべき新しい相貌のもとにそのドグマティズムを据える資本の宗教をも批判することを命じる。——これが将来そのものであり、他の仕方では将来はないだろう。

この同じ義務が、こうした批判の、批判の理念の、批判的伝統の徳を錬磨するよう命じるとともに、批判と問いとを超えて、この徳を台なしにすることなく思考し、その縁をはみ出す〔déborder〕ような脱構築的系譜学〔généalogie déconstructrice〕のもとに、それを服さしめるよう命じる。

この同じ義務が、民主主義の理念のヨーロッパ的な、もっぱら〔*uniquement*〕ヨーロッパ的な遺産を引き受けるよう命じるとともに、民主主義の理念が国際法のそれと同様けっして所与のものではないこと、その身分はカント的意味での統制的理念でさえなく、むしろこれから思考さるべき、来たるべき何ものかであること、つまり、確実に明日には到来するだろうもの、未来の〈民族＝国民的、間民族＝国民的、国家的あるいは超 - 国家的〉民主主義ではなく、約束の構造を——したがって、今ここで将来＝来たるべきもの〔*avenir*〕を担っているものの記憶という構造をもつはずの民主主義であること、これらのことを承認するよう命じる。

この同じ義務が、差異、固有言語、少数派、特異性を尊重するとともに、形式的な法の普遍性、翻訳の欲望、一致と一義性、多数性の法則、〈人種主義やナショナリズムや異邦人嫌悪〉への反対をも尊重することを命じる。

この同じ義務が、理性の権威のもとに置かれることのないすべてのものに寛容であり、それを尊重することを命じる。問題は信〔foi〕であり、信のさまざまな形態なのだ、と言えるかもしれない。問題はまた、問いを立てるにせよ立てないにせよ種々の思考であって、これらの思考は、理性と理性の歴史とを思考すべく試みながら、必然的に理性の秩序＝命令を超え出るのだが、だからといって、単にそれだけのことから非合理的になるわけではなく、ましてや非合理主義的になるわけではない、とも言えるかもしれない。というのも、これらの思考はそれでもなお、Lumières〔啓蒙＝光〔仏〕〕や *Aufklärung*〔啓蒙＝明化〔独〕〕や *Illuminismo*〔啓蒙＝照明〔伊〕〕の理想に、その諸限界を認めながら忠実にとどまろうと努めることによって、現代の啓蒙《リュミエール》、われわれの時代——今日〔＝今日の日＝光明において《オージュルデュイ》〕——である現代の啓蒙《リュミエール》に努力することができるのだから。今日、またしても今日（「《今日》、あなたはどうするつもりなのか」）。

この同じ義務は、たしかに一つの責任を要求する。あの矛盾した——単に見かけ上の、錯覚的な二律背反ではなく（カント的なタイプの弁証論における超越論的錯覚でさえなく）、現実的で、経験において終わることのない二律背反であるはずの矛盾によって矛盾した——二重の命法に従って思考し、語り、行為する責任を。しかしそれはまた、ある種の責任を拒否するものの尊重へ、たとえば、設定されたどんな法廷の前でも応答するという責任を拒否するものの尊重へと呼びかける。かつて途方もなく陰険なジダーノフ主義が、《社会》や《歴史》の前での無責任のかどで告発された知識人たちに対して発動されえたのも、やはり責任の言説をもち出すことによってであった、ということをわれわれは知っている。《社会》や《歴史》といっても、これらは当時、社会や歴史の特定の状態《エタ》、つまり現在のかくかくの状態《エタ》によって、端的に言えばかくかくの《国家《エタ》》によって、現在的に「代表されていた」のである。

遅くなったのでもう止めたいが、こうした二重の義務の例はいくらでも増やすことができよう。とりわけ必要なのは、こうした二重の義務が今日ヨーロッパでとっている未聞の諸形態を識別することである。そしてここで、二律背反のこうした試練（たとえば、二重拘束、決定不可能なもの、遂行論的矛盾〔contradiction performative〕等々といった形での）を単に受け容れるばかりでなく、要求をもすることである。必要なことは、二律背反の典型的ないし回帰的形態と、その尽きることなき特異性としての現出——二つのものがなければ、出来事も、決定も、モラルも、政治も、けっしてあることはないだろう——を、ともに認知することなのである。これらの条件はある否定的形式をのみとることができる（XなしにYはないだろう）。確信がもてるのはこの否定的形式についてのみである。この形式を肯定的確実性へ転換するなら（「かくかくの条件のもとでは、確実に出来事、決定、責任、モラル、政治が存在するだろう」）、誤謬に陥り＝おのれを欺き〔se tromper〕、さらに他者を欺くことになることはほぼ確実だろう。

われわれがここで以上の名（出来事、決定、責任、モラル、政治、――ヨーロッパ！）のもとに語っているのは、理論的規定、知、確実性、判断、「これはこうである」という形式をもつ言表、より一般的かつ本質的に言うなら、現在＝現前するもの〔*présent*〕ないし現在化＝現前化〔*présentation*〕といったものの次元を超え出ることしかできない（超え出なければならない）「もの」についてである。これらの「もの」を、それらがこうして超え出なければならないものに還元するとき、ひとはいつでも、潔白意識のたいそう御立派な＝現前化可能な〔présentable〕顔を、誤謬に、無意識に、思考されないものに、無責任に引き渡しているのだ（この潔白意識については、こうも言わなければならない。すなわち、表明された疚しい意識の重々しく笑いのない仮面は、しばしば、追加された策略をさらけ出しているにすぎない、と。潔白意識は、定義によって、無尽蔵の資源をもっており、ひとはいつでもそれを利用することができるだろう）。

最後に一言。逆説の逆説は、それがわれわれの言説に刻み込む連鎖上の亀裂のように、われわれにヨーロッパという古い名を真面目に受けとるように促すと同時に、その名を慎重に、思い込みなしに、引用符に入れて、われわれが喚起し（おのれに喚起し＝想起し〔nous rappeler〕）たり、われわれが約束し（おのれに約束し＝当てにし〔nous promettre〕）たりするものにとっての、ある種の状況における最良の古語としてのみ受けとるようにも促すにちがいない。同じ理由によって、わたしは「キャピタル」という語、ラ・キャピタル〔首都〕とル・キャピタル〔資本〕についても同様にするだろう。そしてもちろん、「同一性」および「文化」という語についても。

わたしはヨーロッパ人であり、たぶんヨーロッパの一知識人である。わたしはそのことを歓んで喚起するし、歓んでおのれに喚起＝想起する。どうしてそれを差し控える必要があろうか。何の名において〔差し控えるのか〕。しかしわたしは、すみからすみまでヨーロッパ人であるわけではないし、自分がすみからすみまでヨーロッパ人であると感じるわけでもない。このことによってわたしが言いたいこと、ぜひとも言っておきたいこと、あるいは言わなければならないことは、こうである。すなわち、わたしはすみからすみまでヨーロッパ人であることを望まないし、すみからすみまでヨーロッパ人であるべきではない、と。「十全な権利をもった」〔à part entière〕帰属と、「すみからすみまで」〔de part en part〕とは相容れないにちがいない。わたしの文化的同一性、わたしがその名において語っている文化的同一性は、単にヨーロッパ的であるわけではないし、それ自身と同一であるわけでもなく、わたしはすみからすみまで「文化的」であるわけでもない。

もしもわたしが、結論として、わたしは自分が〔別のものであるように〕ヨーロッパ人でもまたある〔européen *entre autres choses*〕と感じる、と言明したら、いったいこれは、この言明そのものにおいて、より多くヨーロッパ的なことだろうか、より少なくヨーロッパ的なことだろうか。おそらく両方だろう。ここからもろもろの帰結を引き出されたい。いずれにせよ、決着をつけるのは他者たちであり、他者たちのうちのひとりであるわたしなのだから。

原注

＊　この講演は、『リベール』紙に短縮された形で発表される前に、一九九〇年五月二〇日、トリノで行なわれた「ヨーロッパの文化的同一性」に関するコロックで発表された。このコロックは、ジァンニ・ヴァッティモを議長として、モーリス・エマール、ウラディミール・K・ブコフスキー、アグネス・ヘラー、ホセ・サラマーゴ、フェルナンド・サヴァテール、ヴィットリオ・ストラーダが参加して行なわれた。注はもちろん後から付けられたものである。

（1）　『精神の危機』『覚え書き（あるいはヨーロッパ人）』（『準政治的エセー』プレイヤッド版全集、第一巻、一〇〇四頁）。（ことのついでに指摘させていただくが、ここでヨーロッパと《精神》に関連するものについては、とりわけヴァレリーとフッサールについてであれ、より潜在的にヘーゲルとハイデッガーについてであれ、この講演はある程度、他の著作、とくに明白な形では『精神について――ハイデッガーと問い』ガリレー社、一九八七年において公表された諸考察をより明確にするものであり、したがってそれらを前提にするものであった。ここでは結局、この書物〔『精神について』〕がとくにヴァレリーに付していた長い注（同書九七頁）が、若干引き延ばされているにすぎない。その注は、「ヨーロッパ精神としての精神の危機ないし廃位に関するこれら三つの言説、ヴァレリーとフッサールとハイデッガーの言説の比較分析」に着手しており、すでにヴァレリーの次のような問いによって呼びかけられていた。「地球開発の現象、技術の平等化の現象、民主主義の現象、こうしたヨーロッパの廃位＝キャップ喪失〔*deminutio capitis*〕を予想させる現象は、運命の絶対的決定と見なされるべきものだろうか？　それとも、ものごとのこの不吉な共謀に抗する何らかの自由を、われわれはもっているのだろうか？」『精神の危機』第二の手紙、全集第一巻、一〇〇〇頁）。

「ところで、ヨーロッパ人とは誰のことか」という問い、言いかえると、われわれの「識別特徴＝栄誉」〔distinction〕および「われわれを人類の残りの部分からもっとも深く区別＝特別扱い〔distinguer〕してきた」ものについての問いに、ヴァレリーはまず、彼が「首都」あるいは「典型的《都市》」〔*Ville par excellence*〕と呼ぶもの、すなわち、イェルサレムとアテネに続くローマの歴史を辿ることによって答える。彼はこれらの数頁を、人種、言語、風習とは異なる諸特徴によってヨーロッパ的人間〔*Homo europæus*〕を定義することで閉じている。彼は、ヨーロッパ的人間をさらに精神によって定義しているが、この精神の本質がおのれを現わし、その現象的イメージを引き渡すのは、欲求と欲望、労働と意志としての存在の（同時に主観的であり客観的な）経済的‐形而上学的規定に対してである。ヨーロッパとは、欲望する主体ないし意志する主体を、その客観化可能な最大限にまでもたらすものの名称である。資本はその現象的現われの連鎖に属している。

「権力の次元において、また精密な認識の次元において、ヨーロッパは今日もなお、地球上の残りの部分よりはるかに重みをもっている。いや、わたしは間違えた。優位に立っているのはヨーロッパではない。それは《ヨーロッパ精神》であり、アメリカはそれの怖るべき創造物なのだ」。［この主題については、『アメリカ——ヨーロッパ精神の投射』全集第二巻、九八七頁以下。］

「《ヨーロッパ精神》の君臨するいたるところに、最大限の欲求、最大限の労働、最大限の資本、最大限の生産性、最大限の野心、最大限の権力、最大限の外的自然の改変、最大限の交渉と交易が現われているのが見える。

もろもろの最大限のこの総体がヨーロッパである、あるいはヨーロッパのイメージである。

他方、この形成とこの驚くべき不平等との諸条件は、明らかに諸個人の質に、ヨーロッパ的人間〔*Homo europaeus*〕の平均的質に由来する。ヨーロッパの人間が人種によっても、言語によっても、習慣によっても定義されず、欲望と意志の大きさとによって定義されることは注目に価する。……等々」（全集第一巻、一〇一四頁）。

気づかれるだろうが、こうしてヨーロッパを区別＝特別扱いし、それの絶対的特異性の方からヨーロッパを呼ぶ＝名づける〔*appeler*〕ものについての問いを提起するとき、ヴァレリーは、自分がヨーロッパの名前を、絶対的に固有な名前としてヨーロッパ＝エウロペ〔*Europe*〕という名前を扱わねばならない、ということを十分知っているのだ。置き換え不可能なこの参照関係において問題になっているのは、ひとりの個人であるが、この個人の同一性は人格的であり、おそらくすべてのヨーロッパ的人格よりいっそう人格的である。というのも、すべてのヨーロッパ的人格は、それらを可能にするこの絶対的精神を分有するものだからである。ここから、次のような定義ないし記述の形式が出てくる。すなわち、「もろもろの最大限のこの総体がヨーロッパ＝エウロペ〔Europe〕」なのであり、いわゆるヨーロッパ〔l'Europe〕ではないのだ、と。

（2）　全集第一巻、九九五頁。わたしはここで、ことのついでに、また結局のところ、ヴァレリーのテクストにおけるキャピタルなものにかかわる〔*capitalistique*〕語彙の使用とその賭金についての読解（調査、筋道立った索引化、解釈）のプログラムを提出することに、甘んじざるをえないだろう。問題が歴史であれ歴史的知識であれ、出来事であれ概念であれ、つねに必要なのは「肝心要の＝生死にかかわる瞬間《キャピタル》」をとり逃さないことだろう（第二巻、九一五頁）。「出来事という根本的な概念」は、歴史家によっては思考されも「再考され」もしなかっただろう（第二巻、九二〇頁）。なぜなら、まさに「漠然とした統計的起源をもつもろもろの意味に、明確で特別な定義と規約がとって代わるべくやって来る、あの肝心要の＝生死にかかわる瞬間」が、歴史にはまだ到来していなかったからである（第二巻、九一五頁）。言いかえると、科学としての歴史にまだ到来していなかったものとは、出来事そのものの思考をまず第一に可能にしてくれるような概念の、つまり思考の可能性の肝心要の出来事である。もっと先の方でも、感性的認識の発達と組織化において配置と同一化を行なう統一性や相互調整、照応のシステムといったものの出現を記述するのは、依然として「肝心要の出来事」という表現である。ヴァレリーは強調する。「眼と触覚と行為が、いくつもアントレのついた食事、つまり感性的世界へと相互に秩序づけられ、そして――肝心要の出来事！――ある照応のシステムが、あらゆる色彩感覚を皮膚および筋肉のあらゆる感覚に画一的に適合させるために必要かつ十分になる、ということが起こる」（第二巻、九二二頁）。この出来事は、単に肝心要の＝キャピタルなものであるばかりでなく、肝心要のもの＝キャピタルなものそのものの出来事、すなわち頭〔*tête*〕と呼ばれるものの出来事である。

　さらに、あるいはしたがって、この言説は単なる歴史的知を超えて、直接かつ同時に歴史的事象に、もろもろの出来事の織り物に、まず第一にヨーロッパという観点から触れている。歴史家たちが逸したであろうものは、要するに出来事に到来するであろうものである。その「本質的特異性」ゆえに歴史家たちに逸せられ、「その同時代人たち」にも逸せられたであろうものは、居住可能な土地の飽和であり、「エクリチュールの呪術によって」あらゆるものがあらゆるものと関係させられている、という事実である。すなわち、「有限な世界の時代が始まった」という事実である。政治と歴史を、もはや局地化や「出来事の孤立」に基づいて考察することはできない。局地的危機や局地戦争といったものはもはやない。『ヨーロッパの衰退』（第二巻、九二七頁）は、自分を輸出し、「みずからの状態にとどまる」ことしか望んでいなかった非ヨーロッパ人たちをヨーロッパ化し、目覚めさせ、教化し、武装させる――これらはヴァレリー自身の言葉である――ことによって、ヨーロッパがみずから押し進めてきたこの「有限の世界の時代」に属している。「その状態にとどまる」という表現は、少なくとも目印を与えている。このとき、《大ヨーロッパ人》ヴァレリーの反 - 植民地主義、あるいはお望みならこう言ってもよいが、そのヨーロッパ - 資本主義的超植民地主義が断罪しているように見えるものは、植民地主義よりはむしろ、ヨーロッパの植民地主義を分裂させ、「ヨーロッパの最良の頭脳たちの努力」によって作り上げられた「知の巨大な資本」を散種〔disséminer〕してしまうような、内部の競争なのだ。「ところで、世界化されたヨーロッパの政治を支配し、不条理ならしめている局地的なヨーロッパの政治は、相互に競争するヨーロッパ人たちに、ヨーロッパを世界の宗主たらしめていた技法と機械兵器とを輸出させるにいたった。ヨーロッパ人たちは、みずからの伝統のうちで身動きもできず、みずからの状態にとどまることしか求めていなかった巨大な諸民族を目覚めさせ、教化し、武装させる利益を互いに奪い合った。［…］科学に関するヨーロッパの統一や同盟と比較し、関連させ、対照させたときの、政治と経済に関するヨーロッパの競争ほど愚かなことは、歴史上なかっただろう。ヨーロッパの最良の頭脳たち〔*têtes*〕の努力が、利用可能な知の巨大な資本〔*capital*〕を作り上げているあいだに［傍点は引用者］、貪欲と底意の歴史的政治の素朴な伝統が続行され、この《小ヨーロッパ人》の精神は、一種の裏切りによって、支配しようとしていた当の相手に、力を行使する方法と道具とを引き渡してしまったのである。［…］ヨーロッパはおのれの思考の政治学をもったことがなかったのだ」（第二巻、九二六頁）。

この言説のあいまいさが、かつて今日ほど（わたしはこの今日に日付をつけておく。この注の今日、いわゆる《湾岸》戦争三日目の今日に）*、最良のものから最悪のものまで可変的に見えたことはなかっただろう。とりわけ、それが後から、『現代世界の考察』の序言およびこの論集の最初のテクスト『ヨーロッパの偉大と衰退についてのノート』に書き込まれ、後者が「《今日》」の問い（「《今日》、あなたはどうするつもりなのか」）を提起する直前に、ヨーロッパの政治がその「法則の資本」から作りだしたものを非難するだろうことを考えるならば。

「ヨーロッパはその政治のゆえに罰せられるだろう。ワインとビールとリキュールを失ってしまうだろう。そしてその他もろもろのものをも……。ヨーロッパは明らかに、アメリカの委員会によって指導されることを望んでいる。ヨーロッパの政治全体がそちらの方を向いている。おのれの歴史を処分するすべを知らないわれわれは、歴史をまったくもたない、あるいはほとんどもたない幸福な諸民族によって、歴史の重荷をおろすことになるだろう。幸福な諸民族がわれわれにその幸福を押しつけるだろう。

ヨーロッパはかつて、世界のすべての部分からはっきりとおのれを区別していた。その政治によってではなく、この政治にもかかわらず、むしろこの政治に反して、ヨーロッパはその精神の自由を極限まで発達させ、理解することへの情熱を厳密さへの意志に結びつけ、明確で能動的な好奇心を発明し、相互に精密に比較したり附加したりできる結果を執拗に探究することによって、きわめて強力な法則と技法の資本を創造してきた。けれども、その政治はもとのままであった。たった今わたしが述べた特異な富と資源から、この原始的な政治を強化し、それにもっと怖ろしい、もっと野蛮な武器を与えるために必要だったものしか借りることなく」（第二巻、九三〇頁、傍点は引用者）。

＊　フィクション、規約、中継装置、遠距離通信の思考者として、ヴァレリーはまたあらかじめ、「有限の世界の時代が始まった」ときの、今日の戦争の思考者でもあった。「今後は、世界のどこかで戦闘がなされたとき、その大砲の音を地上全体に聞かせるほど簡単なことはないだろう。ヴェルダンの轟音は地球の対蹠点で聴取されるだろう。戦いの何ごとか、自分自身から六千マイル離れたところで人々が倒れるのを、事後百分の三秒で知覚することさえできるだろう」。これは「仮設」〔Hypothèse〕と題された短いテクストの最初の言葉であるが、このタイトルは、規約と中継がそこに模擬物《シミュラークル》の体制を確立するやいなや、〔ということはつまり〕そもそもの初めから、全体の、《全体》としての《自我》の仮設的性格についての一仮説として提起される思考のそれである。この「仮設」の最後の言葉。「われわれの生命は、精神にやって来るもの、精神からやって来て精神におのれを押しつけてから、生命におのれを押しつけるように見えるものに依存するかぎり、その大部分が暗黙のものである規約〔*conventions*〕の、度を超した途方もない量に指揮されているのではなかろうか。それらの規約を言葉にし、説明しようとしたら大いに苦労するだろう。社会、言語、法律、習俗、芸術、政治、世間で信用にかかわるすべてのもの、その原因に等しくないすべての結果は、もろもろの規約を、すなわち中継装置〔*relais*〕を必要とする。——この中継装置を迂回して、第二の現実がうち立てられ、感性的・瞬間的な現実に重なり、それを覆い、それを支配する。——これはときとして引き裂かれ、基礎的な生命の怖るべき単純さをあらわにする。われわれの欲望、われわれの後悔、われわれの探究、われわれの情緒と情熱、そしてわれわれがおのれを知るために行なう努力においても、われわれは不在の事物の玩具であり、——作用するために存在する必要さえないものの玩具なのだ」（第二巻、九四二—九四五頁、強調はヴァレリー）。

（3）*fromm* と *promos* について、戦闘における第一陣、前衛にもなる「敬虔なもの」については、ハイデッガー「技術への問い」『論考と講演』三八頁、仏訳ガリマール社、四六頁、および『精神について』一四九頁でわたしがそれに当てた考察を参照。*Ort*　つまり場所および槍の先端については、とりわけハイデッガー『言葉への途上』三七頁、仏訳四一頁を参照。

（4）ここでもう一度、『精神について——ハイデッガーと問い』に送り返させていただく。

（5）これはある「論理」の不可能性であり、わたしはそれを、『プシュケー——他者の発明』（ガリレー社、一九八七年）とりわけその第一論文で定式化しようと試みている（とはいえ、それは定義によって、けっして絶対的には形式化しえないものなのだが）。

（6）地中海人ヴァレリー、ヨーロッパ人ヴァレリーは、まったく同じように範例的な仕方で、パリの思想家たることを欲した。このことは何ら驚くべきことではなく、わたしはここでその論理を分析しようと思う。一九三七年の『パリの現前』において、もっとも高貴で真面目な課題は、単に「《パリ》を考える」ことにではなく、この首都の同一性（ヴァレリーはこの首都の名を、五頁のうちに二六回も大文字で書いている）と、それと「精神そのもの」との、「不変の精神的使命の意識」との同一性を考えることにある。「《パリ》を考えることは精神そのものを考えることに比較され、それと区別されないように思われる」（『パリの現前』全集第二巻、一〇一二頁）。ヴァレリーはこれ以前に、存在の論理そのもの、首都の絶対的精神（首都と絶対的精神）のロゴスにしたがって転倒されることでしか成就されないある計画を作っていた。精神と首都とは相互に、一方が他方のうちにおのれを呈示＝現前化《プレザンテ》し、おのれを表象＝再現前化《ルプレザンテ》する。すると、首都に住む者はその居住地を考える以前に、居住地によって「考えられる」のである。第一段階はこうである。「かくして、《パリ》を考えるということのばかげた欲望がわたしに生まれ、わたしを意気阻喪させる」。さて、見事な四頁の後に、自覚と逆転との究極の瞬間が訪れる。「《パリ》を考えるだって？　……それを思えば思うほど、まったく逆に、ひとは《パリ》によって考えられていると感じるのだ」。その直前では、顔〔figure〕の「形象＝比喩《フィギュール》」が、この首都のなかの首都の分析を導いていた。事実、ひとはこの首都の顔をしげしげと見つめる〔*dévisager*〕。その顔と、頭と、額とを区別する。「《パリ》はフランスの実際の頭〔tête〕であり、そこにはフランスのもっとも際立った知覚力と反応力とが集まっている。その美と光とによって、《パリ》はフランスにひとつの顔〔visage〕を与え、ときにはこの国の全知性がその上にやって来て輝く。強烈な情緒がわが国民を捉えるとき、血はこの額〔front〕に上り、自尊心の全能感がそれを照明する」（一〇一五頁）。

そもそもヴァレリーは、すでに一〇年前の『パリの機能』（一九二七年）において、われわれがここで捉えようとしている「範例主義的」〔exemplariste〕な論理に駆り立てられ、この首都を、単なるコスモポリットな巨大都市——これは、西洋の他の大都市とも共通の運命である（「ヨーロッパやアメリカのすべての大都市はコスモポリットである」一〇〇七頁）——としてではなく、首都のなかの首都として呈示していた。この首都はすべての首都のなかで「際立っている＝おのれを区別する」〔se distinguer〕。そもそも「区別＝特別の地位」〔distinction〕は、この言説の支配的な語になるだろう。パリは、互いに資本蓄積＝首都化《キャピタリゼ》しあう二つの資格によって際立っている＝おのれを区別する。一方において、パリはすべての領域でフランスの首都であり、他の国においてのように、単なる政治的首都であるか、経済的首都であるか、文化的首都であるか、にとどまってはいない（「自分だけで一つの大国の政治、文学、科学、商業、逸楽、奢侈の首都であり、その全歴史を代表し、思考するもののすべてとともに、すべての信用、ほとんどすべての金銭的能力と予備金を吸収し、集中する——これらすべてのことこそ、それがこの首都をもつ国民にとって良いか悪いかは別として、すべての巨大な首都のなかでパリが際立つ＝おのれを区別するゆえんなのだ」一〇〇八頁、強調は引用者）。他方において、こうして区別された＝卓越した〔distingué〕範例的首都であるわれわれの首都は、もはや単なる一国の首都ではなく、「ヨーロッパの頭＝首府」、したがって世界の頭＝首府であり、人間社会一般の首都、さらに適切に言えば、「人間の社交性」の首都である。「その特徴が、きわめて長い経験と無限の歴史的栄枯盛衰から生まれたこのパリ。三百年のあいだに、二、三度ヨーロッパの頭＝首府〔*tête*〕となり、三度外敵に占領され、六度ほど政治的革命の舞台となり、驚くほど多くの名声の創造者となり、多くの愚劣さの破壊者となったこのパリ。たえず民族＝人種〔race〕の華と滓とを呼びよせ、さまざまな自由の中心都市、人間の社交性の首都となったこのパリ」（一〇〇九頁、強調は引用者）。

このような評価のぶしつけな両義性をも、このあいまいさの深淵のような潜在的可能性をも、われわれは無視すべきではない。一九二七年に『パリの機能』は、この首都について、「この首都をもつ国民にとって」、したがって頭＝首府にとって「良いか悪いかは別として」とにかくすべてのもの、と言っていたし、「この集中の深刻な危険」を「巨大な利点」に結びつけていた。つまり、「華」には「民族＝人種の滓」が、宿命的寄生者のように結びついているのである。際立つもの、おのれを区別するものは、つねにもっとも脅かされたものであり、最悪のものにもっとも近い最良のものである。特権とは定義によって、危険に瀕した優美さなのだ。危険は異邦人からやって来る。もはや単にヨーロッパの異邦人からではなく、もっと遠くから、より正確には別の岸辺から、ヨーロッパの外部からやって来て汚染する異邦人、――精神そのものを脅かし、精神そのものを具現するかぎりでの「パリの精神」を脅かす異邦人からやって来る。実際、ヴァレリーは、「民族＝人種の滓」について述べた直後にこう結論している。「世の中に見られる軽信の増大は、明確な理念の疲労、諸外国の民衆の文明生活への参入に起因するものであり、パリの精神を際立たせていたものを脅かしている。われわれは、パリが質の首都であり、批判＝批評の首都であることを知った。幾世紀もの微妙な経験、啓蒙、選択が作り上げてきたこれらの栄冠にとって、あらゆるものが脅威となっているのだ」（強調は引用者）。一〇年後、戦争前夜にヴァレリーは、首都への「集中」〔concentration〕の否定的な諸効果を喚起し、多少とも断固とした調子でそれに「嫉妬」の価値を結びつけ、そしてまさにこの一九三七年に、「強制〔集中〕収容所」〔camp de concentration〕という表現を使って、「卓越した＝おのれを区別するすべてのフランス人」を「燃焼させる

＝焼き尽くす」〔consumer〕収容所について語るのだ。以下、強調したのはわたしである。「だが《パリ》は、数百万の人口をもつ他の怪物都市、《ニューヨーク》や《ロンドン》や《北京》からきわめて明確に区別される。〔…〕これら現代の《バビロン》〔…〕。その理由は、数世紀このかた、一民族のあらゆるジャンルにわたるエリートたちが、かくも念入りに＝嫉妬深く集中された〔*jalousement concentrée*〕ところはないからである。あらゆる価値が、自分を認めてもらいにやって来て、比較の試練に堪え、批判＝批評と嫉妬〔…〕に直面しなければならなかったところはないからである。〔…〕この非常に貴重な交通は、数世紀このかた、一つの偉大な民族のあらゆるジャンルにわたるエリートたちが、念入りに＝嫉妬深く呼びよせられ、保護されてきた場所でしかほとんどなされえなかった。卓越した＝おのれを区別するすべてのフランス人は、この強制収容所に入ることを余儀なくされている。《パリ》はそういう人々を呼び出し、惹きよせ、強要し、ときには燃焼させて＝焼き尽くしてしまう」（一〇一四―一〇一五頁）。

（7）『精神の自由』全集第二巻、一〇九三頁。数頁先でヴァレリーは、ことのついでにやや省略的な仕方で一つの指摘をしているが、この指摘は、首尾一貫して追究されさえすれば、おそらくヴァレリーがそこでほのめかしていることを超えて、長大な射程をもつもののようにわたしには思われる。というのも、彼はそこで自由を応答として規定しているのである。

「……自由という観念は、われわれのうちで第一のものではない。それは、挑発されることなしには呼び覚まされない。ということは、自由はつねに一つの応答だということである」（第二巻、一〇九五頁）。

（8）このテクストの論理は類比的〔*analogique*〕なそれでもある。事実それは全面的に、精神と価値のあいだの非対称的類比に基づいている。精神は、たしかに金や小麦や石油などと同じ一つの価値であるが、それはまたすべての価値の源泉であり、したがって過剰な価値、価格なしの絶対的な、それゆえ崇高な剰余価値である。類比の諸カテゴリーの一つであり、かつ経済全体の別格の条件、超越論的なもの、超カテゴリー的なものである。一つの例であり、かつ範例的な例〔exemple exemplaire〕、典型的例である。このような例はほかにない。ヴァレリーはこの点を別の仕方で非常にうまく言っているので、ここでは、彼自身がいわばことのついでに「肝心要の点」と呼んでいるものをめぐって、いくつかの引用を集めることで満足したい。「人々＝精神たち〔esprits〕に《精神》の運命について、つまり自分自身の運命についての関心を喚起することが〔…〕急務でさえあるということは、時代の一兆候である。〔…〕彼らは精神を信用してきたのだが、しかしそれはどんな精神だったのか？　彼らはこの語によって何を理解していたのか？　……この語は多くの意味をもっている。というのも、それは他のすべての語の源泉と価値とを呼び起こさせるからである」。というわけで、精神は、自分がそれでないところのすべてのもの、自分と同じ価値をもたないすべての価値に現前し、内在しつつ、資本と資本のあいだの類比に、経済の並行関係と並行関係の経済に安心して入っていくことができる。精神とは、類比の二つのレジスターないし二つの体制のあいだで共有される「それ自身」、「肝心要の点」、事象そのものである。たとえば、

「わたしが述べてきたのは、われわれの生の諸価値の、われわれの眼前で起こりつつある失墜ないし崩壊についてだと言ってよい。そしてわたしは、この「価値」という語によって、物質的次元の諸価値と精神的次元の諸価値を、同じ表現、同じ記号のなかで関連づけたのである。

いま「価値」と言ったが、わたしが述べたいと思うのはまさにそれ自身である。これこそ、あなたがたの

注意を惹きつけるべき肝心要の点なのだ。

われわれは今日、（ニーチェの巧みな表現を借りれば）諸価値の真の巨大な転換に直面している。この講演を「精神の自由」と題することによって、わたしはただ、現在にあって物質的諸価値と同じ運命を辿っているように見える本質的諸価値の一つを示唆したのである。

だから、わたしは「価値」と言ったのであり、石油や小麦や金等の価値＝相場〔valeur〕があるのと同じく、「精神」という名の価値＝相場があると言うのだ。

わたしは相場と言ったが、それは、そこにも評価があり、重要さの判断があり、また、精神というこの価値＝株〔valeur〕にどれほどの価格をつけるべきかの議論があるからである。

〔…〕精神という哀れな株は、ほとんどつねに下落し続けている。〔…〕わたしが株式市場の言葉を借りていることはおわかりだろう。〔…〕だからわたしは、一方の精神生活とその現われ、他方の経済生活とその現われのあいだに、あえて探すまでもなくおのずと現われてくる種々の類比にしばしば驚かされたのである。〔…〕どちらのことがらにおいても、精神生活においても経済生活においても、何よりもまず生産と消費という同じ概念が見出されるだろう。

〔…〕そのうえ、この二つの側で同じように、資本と労働というものを考えることができる。文明とは一つの資本なのであり、その増殖はある種の資本と同じように幾世紀にもわたって続けられ、おのれのうちに複利を吸収していくのである」（第二巻、一〇七七―一〇八二頁）。

ヴァレリーは強調する。そして彼は、ここでは「多少とも詩的なただの比較」を提案したり、「単なる修辞的技巧」によって物質的経済から精神的経済に移行したりしているのではない、と言う。そのことを弁明するために、彼は、類比を可能にしながら完全には類比に属さない精神という概念の、根源的かつ超カテゴリー的な性格を確証しなければならない。精神のこの性格は、ロゴスも結局、類比に関与しながら、しかし単純に類比のうちに包含されるわけではないのと同様である。そしてまさに、単なるレトリックを超えて精神とはロゴスであり、パロールないしヴェルブ〔言葉〕なのだ、とヴァレリーは字義通りの説明をする。この独特の精神主義は、まさに一つのロゴス中心主義として現われる。さらに厳密に言えば、地中海沿岸に出生地をもつロゴス中心主義として現われるのだ。ここでもう一度、引用するのがよいだろう。物質的経済から精神的経済へレトリックの技法によって移ったのではない、とヴァレリーは言った後、ただちに強調する。

「考えてみるつもりがあれば、実はまったく正反対であることがわかるだろう。始めたのは精神の方であり、またそうでしかありえなかったのである。世界最初の交易は必然的に精神の交易であり、最初に始まった交易、端緒をなした交易は必然的に精神の交易である。というのも、事物を交換するためにはそれ以前に、ぜひとも記号の交換が行なわれねばならないし、したがって、記号の設定が行なわれねばならないから。言語なしに市場はなく、交換もない。あらゆる取り引きの第一の道具は言語である。「初めに《言葉》があった」というあの有名な言葉を、ここで〔適当に意味を変えて〕繰り返すことができよう。取り引きの行為自体に、《言葉》がぜひとも先立たねばならなかったのである。とはいえ、言葉はわたしが精神と呼んだもののもっとも正確な名称の一つにほかならない。多くの用法において、精神と言葉はほとんど同義語である。『ウルガタ』〔ラテン語聖書〕で《言葉》〔*Verbe*〕と訳された語は、ギリシャ語の「ロゴス」であり、これは表現を意味すると同時に、計算、推論、話し言葉、言説、認識をも意味する。したがって、言葉が精神と一致すると言うとき、わたしは何も邪説を述べているわけではなく、——言語学的次元で見ても、そうなのである」。

だから、ここで論理的なものと歴史的なものが対応し、不可分であることには何の不思議もない。「単に論理的にそうでなければならないというばかりでなく、歴史的にもこの関係は立証されうるのである」。交易を発達させる諸条件に恵まれていた「地球上の諸地域」は、「精神の諸価値」の生産が「もっとも古くから、もっとも豊かに、もっとも多種多様な形で行なわれてきた」ところであり、「精神の自由がもっとも広範に認められてきた」ところである。また、「市場」という語が規則的に使われる（二頁中に少なくとも三回、第一巻、一〇〇五―一〇〇六頁）が、それはヨーロッパを、すなわち「地中海市場から始まるわれわれのヨーロッパ」、ヨーロッパというこの「特権的な場所」、「ヨーロッパ精神」、「この奇蹟の創造者」を定義することが問題となるときである。最良の例、実際には唯一の例、もっとも交換不可能な例は地中海沿岸の例である。事実、それが「提供」した「例」は唯一無比であり、範例的かつ比較不可能なのだ。したがって、それは他の諸例と並ぶ単なる一例ではないし、ロゴスと歴史とはもはや切り離せない。この例は「もっとも驚くべき、もっとも明白な」例だったのだから（第二巻、一〇八四―一〇八五頁）。

（9） 第二巻、一〇五八頁。驚いてはならないが、ヴァレリーが哲学に関して、しばしば切り離して論じられる二つの命題をあえて連結しようとするのも、まさにこの文脈においてである。すなわち、民族＝国民的特徴と形式的特徴は、哲学において、言説においても哲学言語においても還元不可能であり、分離不可能だ、というのである。この数頁の議論は非常にねじれていて、一つの注で論じ尽くせるものではない。ここでもまた問題は、「フランスを直視＝考察〔envisager〕すること、人間精神の資本の構成におけるフランスの役割ないし機能を直視＝考察すること」である（第二巻、一〇四七―一〇四八頁）。極度に図式化してよいなら、こう言っておこう。一方においてヴァレリーは、すべての哲学に痕跡をとどめるだろう民族＝国民的特徴に関する命題に、譲歩と仮設〔*hypothèse*〕の形式、「かくかくのことはありえないとはいえない」や、「それは大いにありうる」といった形式を付与するが、〔他方において〕彼が形式的特徴を強調し、その主題に関して力強くテーゼ〔*thèse*〕を定立するのは、まさに範例であるフランス哲学に眼を向けるときである。このテーゼを、ひとは形式主義的テーゼと呼ぶこともできようが、しかしそれは、形式、言語、エクリチュール、レトリック、「テクスト」といったものへの注意を、主観的形式主義および概念の放棄と混同するすべての人々に安易な論拠を提供することによって、ことがらをわかりにくくしてしまう懸念がないとしたらのことである。ナショナリズムにも形式主義にも陥らずに、民族＝国民的《ナショナル》特徴と形式的特徴とを考慮することができるのでなければならない——ナショナリズムと形式主義とに対して、洗練された抵抗の戦略を練り上げるためにも。ヴァレリーの戦略は、興味深いものではあっても、この二つの暗礁を回避することができないようにわたしには見える。民族＝国民的仮設は、不可避的に、ナショナリスティックな主観主義のテーゼになだれこむ＝落ち込む〔se précipiter〕。形式主義的テーゼは、この性急な突進に奉仕するためにあるにすぎない。

　第一段階、仮設。「抽象的ないし〈純粋な〉思考は、技術的思考と同様に、思考する者におのれの民族＝国民《ナシオン》や人種＝民族《ラース》からやって来るものを消去する訓練をしている。というのも、そうした思考は場所や個人から独立した諸価値の創造をめざしているからである。もっとも、一つの形而上学や一つの倫理学のうちに、一つの人種＝民族《ラース》や一つの民族＝国民《ナシオン》に固有に属していると認められるものを識別すること、あるいは、識別したと信じることはありえないことではない。ある人種＝民族、ある民族＝国民が生み出した哲学ほど、その人種＝民族、その民族＝国民をみごとに定義するものはないように見えることさえある。ある種の観念は、まったき普遍性において表現されたとしても、それが生み出された風土の外ではほとんど考えられない、とも主張される。その種の観念は、外国にあっては根こぎにされた植物のように衰弱したり、怪物のような表情を呈するのである。それは大いにありうることだ」(第二巻、一〇五五頁)。

第二段階、テーゼ。テーゼがある「感じ」として示され、「弁解」の括弧によって始められることを喚起し、強調する前に、これらの頁が書かれたのは一九三九年だという点を想起しよう。ナショナリズムと人種主義のかつてなく激烈な弁舌がヨーロッパにわき起こったこの戦争前夜に、ヴァレリーは、哲学と人種＝民族と民族＝国民についての彼の諸命題を仮設にまで和らげる。彼が弁解するのはまた、おのれの「感じ」と「形式に関する仕事」としての哲学について述べるために、この形式を本質的に国語＝民族言語〔langue nationale〕に結びつけ、とくに範例的にフランス語に結びつけるときでもある。

「わたしの意見では、(感じを述べるがお許しいただきたい)哲学は形式に関する仕事である。哲学は科学ではまったくなく、おそらく、科学との無条件の結びつきのすべてを断ち切るべきなのである。哲学にとって、科学の婢女〔*ancilla scientiae*〕であることは、神学の婢女〔*ancilla theologiae*〕であることより価値があるわけではない。〔…〕わたしは自分が正しいとは言わない。それに、そんなことは何の意味もないだろう。わたしが言いたいのは、〔…〕この言語を語る存在、また自分に向かって語る存在は、この言語という手段を超えることはできないし、この言語がいつのまにか彼のうちにもち込む暗示や連想から逃れることもできない、ということである。もしわたしがフランス人であり、わたしの思想が構築され、自分自身に語りかけるようなわたしの思想の内部においてもフランス人であるならば、わたしの思想はフランス語で、フランス語の諸可能性と装置にしたがって形成されるのである」(同所)。

ここで言われた諸可能性についての分析、解釈、評価は続くが、ここでは立ち入ることはすまい。より厳密に哲学にかかわることについては、ただ結論だけを引用しよう——今日その結論が、その著者とともに、またその著者に反して、考えるべく与えてくれるかもしれないもののゆえに。「フランスにおいてある哲学が成功するのは、この代価を支払ってのことである。この原理に合致しない観念の体系は生み出されえない、と言いたいのではない。ただフランスにおいては、そういう観念の体系は、実際にいわば有機的に採用されることはない、と言いたいのである。それにまた、政治においても芸術においても、類似したフランス的反応をわたしは見出すのだ」（第二巻、一〇五六頁、強調は引用者）。

（高橋哲哉訳）

日延べされた民主主義*

——今日、世論とは何でしょうか。

今日ですって？ ある幽霊の影《シルエット》、民主主義の意識はそれに取り憑かれています。この幽霊には諸諸の、相矛盾した権利と権能があります。それにしても、この矛盾した要請の数々に、どのように止めを打つべきでしょう。自らの正統性の源泉にも似たものなのに、議会制民主主義はなぜそれから身を守ろうとするのでしょう。そうです、明確になさったのはご明察でした。今日、即ち、今日という日〔*au jour* d'aujourd'hui〕。世論というもののリズム、媒体〔*médium*＝霊媒〕、そして何よりもその歴史に関して言うならば、それはまさしく日＝光明〔jour〕の問題なのです。

1　通説《オピニオン》によれば、「世論」〔opinions publiques〕というものには予測不可能性という悪徳ないし美徳があることになっています。「不安定で変わりやすく」「統御するのは難しい」と、すでに『ダランベールへの手紙』が言っています。それは「骰子《さいころ》」のように、「力と理性」に同時に挑戦します〔1〕。事実上及び権利上、それは日々変わり得るものです。文字通り一日限り〔éphémère〕で、安定した状態〔stabilité〕に繋ぎ留められないがゆえに法規に定められた地位〔statut〕もなく、かといって恒常的に不安定という訳でもありません。それはときに「長期的」なこともあるのですから。第一の両義性はこのリズムに起因します。すなわち、もしそれに固有の場があるとすれば（もっとも一切の問題はここにあるのですが）、世論とはガラス張りで常設の討議場《フォーラム》ということになるでしょう。そうするとそれは、非民主的な諸権力に対立すると同時に、それ自身の政治的代表にも対立することになりましょう。この代表機関が世論にマッチすることは決してないでしょう、こちらの側は違うリズムで呼吸し、討議し、決定するのですから。世論運動の暴圧が懸念されることもあります。「その日その日」というこの速度が、「長期持続」にあってさえ、議論の緻密さ、「意識化」のための時間に影響を及ぼし、逆説的にも世論の方が、代表諸審級に対して遅れをとることにもなります。かくして死刑制度に関しては次のことが〔2〕、（と言っても、これも就中世論調査の結果ですが！）知られていると信じられています。今日の多数派は、(1)議会、(2)国民投票で民意を問うた場合、(3)「世論調査」ないし社会学的調査の場合では同じではない。ここにはリズムの不一致またはは差異があるのであって、こうした例は枚挙にいとまがありません。地方選における移民の選挙権〔3〕を承認するためには、『SOS反人種差別』運動〔4〕がキャンペーンを開始し、世論に情報を提供して説得に当たり、この世論がしかる後に議会内の多数派によって聞き届けられる運びになるはずです。ところが共和国大統領は、候補者であった当時、この件についての自分の個人的「意見」をすでに公にしていました。というよりも、それは現状に関する見解表明、本当の所は世論が、議会までが、この点について遅れているという見解表明だったのです。このことは、世論、議会の双方に効果を及ぼさずにはいません。戸惑うような場所構造《トポロジー》です。ここで何をもって世論とするべきでしょう。それは場を持っているのでしょうか。どこに姿を、しかもそれ自体として見せるのでしょう。世論の身体〔corps propre〕の彷徨、それはまた幽霊特有の遍在性でもあります。しかしこの幽霊は、こうした空間のいずれかにそれ自体として現前することはありません。選出される代表の枠をはみ出していますから、世論は権利上、一般意志でもなければ国民でもなく、イデオロギーでも、社会学的な技法や現代的な世論調査機関によって分析される私的な〔*privé*〕意見の総和でもありません。それは一人称では語りませんし、対象でも主体（「私たち」、「人々」）でもありません。ひとはそれを引用し、それに語らせ、その腹話術師となるのです（「実際の国」、「声なき多数派《サイレント・マジョリティ》」、ニクソンの唱えた「道徳的多数派《モラル・マジョリティ》」、ブッシュの言う「主流派《メイン・ストリーム》」、等々）。しかし、このような「平均」が、こうした「世論を導くのにふさわしい」諸手段、「世論を変える方法」に抵抗する力を、ときには保持してもいるのです。またしてもルソーの言うところでは、「理性も美徳も法律も」、このような手段を持ち合わせてはいません。〔5〕

2　ところで、この否定政治学の神は、ある種の媒体＝霊媒なしには、白日の下に音信を伝えることができません。それに本質的な日々の〔quotidien〕リズムは、日刊紙〔journal〕のようなものの大量の流布を前提しています。世論が構成され公〔publique〕論として認められるのは、このような技術＝経済的な力のおかげなのです。こうしたカテゴリーが今日の状況に合致しているとはほとんど思えませんが、日刊紙は、そこにその自由の環境を見いだすべきある意見の、情報提供・形成・熟慮ないし表明に、すなわちその表象に相応しい、公共的な可視性の場を保証するものだということになっています。文字あるいは視聴覚媒体による日刊ニュースと世論の歴史との相関関係は、「政論新聞」〔presse d'opinion〕と呼ばれるものの枠を大きくはみ出しています。貴重でもあり危険でもある、次第に「洗練の度を深め」つつある世論調査は、確かに、政党ないし組合の代表関係とは決して重ならないあるリズムに調節されています。ところが、その世論調査が発表〔venir au jour〕されるのはどこかといえば新聞紙上であって、その新聞が往々にして調査の主導権と権力を掌握しています。こうしてようやく——世論についてのこのニュースの新しさを、新聞が報告すると同時に生産してくれたおかげで——、今日の〔de nos jours〕世論はもう昨日のそれではないということが知られ、歴史が始って以来ずっとこうだったことになるのです。

3　なぜこんなことを言うかといえば、この現象は決して自然な、即ち普遍的なものではないからです。そもそも一昼夜が社会のリズムの大カテゴリーであるということからしてそうなのです。

今日の世論の想定上の「実在性」や、その影の映写技術を問う前に再確認しておかなければならないのは、この幽霊には一つの歴史があるということです。それはヨーロッパの、最近の、それも強い拍子を伴った歴史です。なるほど通説〔opinion〕というものについての言説は世界とともに古く、「臆見」〔*doxa*〕ないし「通説」（これも正確には同じものではありませんが）なら非‐西欧諸文化にも等価物がありましょう。しかし、世論＝公論というものの歴史となると、これはヨーロッパの政治的言説に結び付いているように思われます。それは近代における人工の産物であって（アメリカ及びフランス革命の諸前提がここでの最も目につきやすい目印です）、たとえある政治哲学の伝統がこの「強音」を準備したのだとしてもそれに変りはありません。議会制民主主義のモデルのない時代、なんらかの法規集（フランスであれば、人権宣言第十一条から報道の自由に関する一八八一年の法律まで）が、この世論なるものの、政治的ないし組合的代表制度の外部での形成、表明、そしてとりわけ「公表」〔publication〕を可能にする、あるいは約束する以前に、その呼称はどうあれ、世論が真剣に問題にされたとは思えません。

それ固有の契機においては選挙本位ではないにせよ、世論《オピニオン》は、その名の示す通り、一つの判断による態度決定を求められます。それは決して見識ではなく、踏み込んだ評価であり自発的行為です。それはつねに「判断」の形式（賛／否）を持っており、この議会制民主主義に対して統御ないし方向づけの力を及ぼすべきものです。しかし、本来的な意味で政治的な決定の立場からみれば、この相当な力〔puissance〕はつねに「潜勢的」〔en puissance〕なままで、しかもその諸々の境界は目に見えません。それは内部にも外部にも場を持ちません。法定上の代表制度の外部に位置しながらも、この外部が独立の世論のそれとして、あり得べき投票に向かうもの、また代表機関の中に、或いはそれに対して介入する見込みのあるものとして認められるのは、諸々の議会制民主主義及び代表構造のなかだけなのです。この点で範例的な歴史的契機は「請願要求控帳」[6]です。潜在的選挙民の場としての世論とは、一つの判断によって態度を決定するよう求められている市民たちの集まりであって、懸案の問題は通常諸々の合法的代表機関の権限に属していますが、しかしまた、こうした代表機関の手を少なくとも差し当りは逃れるような、今日いよいよ加速度的に広がり、また差異化しつつある帯域へと逃れ去るような問題についても世論は判断を求められるのであり、こうして自由主義的民主主義の、原則ではなくとも現行の機能の仕方について深刻な問題を投げかけています。「自由学校」[7]擁護のデモや、学生あるいは看護婦の「調整委員会」[8]、RU486[9]、エイズ、麻薬中毒やコンドーム[10]、スコセッシの映画（私が言っているのは発言、宣言、あるいはデモといった世論の境位でのことであって、そうしたものに終止符を打つための爆弾のことではありません[11]）をめぐる議論を思い出して下さい。しかし、判断、決定、そしてわけても表象のオーダーに属さない一切のものは、現行の民主主義的諸制度からも、世論それ自体からも、同時に逃れてしまいます。現行民主主義制度と世論というこのカップルは、決定する判断の形式（賛／否）による評価の可能性によって結ばれていて、ある表象のなかで産出されるものです。世論調査はこの法則を逃れようとして、一方では選挙本位のテーマや直接に政治的な決断の枠をはみ出してゆき、他方では、二者択一（賛／否）よりもパーセンテージによる評価（多／少）を多用しています。しかし、ある言説が世論それ自体に係わるのは、それが立法に関する論議を先取りする場合、「多／少」が「賛／否」を予告している場合に限られます。それでは、判断（賛／否）及びこの語のあらゆる意味における表象〔代理＝代表 représentation〕に属さないような、（「流行」、「趣味」、「風俗」といった）埋蔵されている経験や評価、さらに規定などは一体どうなってしまうのでしょう。ここでこそ、その内容においてではなく、選挙に先立つというその形式における世論の権威というものを、公／私の区別までも問うことができるのであり、この区別の厳密性は言語活動によって、ただそれだけで、その最小の刻印《マルク》が記されるや、つねに脅かされることになるでしょう。このタイプの問いの数々に、どのような公的な――従って政治的な――場所を与えることができるでしょう。[12]

「世論政権」というものは、制度上の代表に対抗して、世論を利用し、発明し、引き合いに出すことができます。しかしこのことが行なえるのは、そして言えるのは、最低限形式的な民主主義のなかでだけです。人民独裁や全体主義体制は世論政権ではありません（今日ソ連で生れ＝日の目を見つつある〔voit le jour〕ものは、おそらく、ただ単に、世論なのです）。「世情に通じる」〔se tenir à jour〕ための、ほとんど一日刻みで世論を聴診するための新兵器は、ある種の権力（国家元首や民主的政府でさえものそれ）に、議会、党及び組合のなかで明らかになる以前の、そうした枠を越えた多数派の移動を、選挙ないし国民投票以前に見抜くことを、可能にするとともに義務づけています。世論というものが、（政党や組合といった）組織の枠からはみ出した野生の自発性の無定形な貯蔵庫だからではありません。近年の学生あるいは看護婦の「調整委員会」は、受動的でも能動的でもなく、「操作」されていたわけでも、非組織的な自然発生性に属していたのでもありません。こうした簡略な二者択一を越えて分析を――そして政治活動を――導くためには、別のカテゴリーが必要です。諸制度や、とりわけ報道との諸関係に関しても事情は同様です。世論とは表出される〔*s'exprimer*〕ものではありません。表出ということで、世論が、白日の下に、それ自体として、その現象性において出現する以前に、何らかの内なる討議場＝心の底〔for intérieur〕に存在しているということが意味されているのだとすれば。それは現象的なのです〔Elle *est* phénoménale〕。世論は報道によって、産出ないし形成されるのでも、さらには影響ないし歪曲されるのでもなく、単に反映ないし表象されるのでもありません。こうしたナイーブな、あるいは粗雑な解釈の根は、ある強力な哲学的言説のなかにあります。責任を示すとは、こうした解釈の再検討をまずは試みることではないでしょうか。哲学的かつ政治的な、理論的かつ実践的な任務、困難な、しかしまた危険でもある任務です。というのも、代表という概念自体に、ルソーが「近世のもの」であると言った、「代表者という着想〔13〕」に触れてしまいかねないからです。しかし、民主主義者には、民主主義の諸諸の公準ないし基礎を思考するという責任があるのではないでしょうか。そうしたものの歴史的諸規定を、そのうちで一九八九年に限界確定＝限界解除〔dé-limiter〕できるもの、できないものを、倦むことなく分析するという責任が。

というのも、まさしく民主主義の将来〔avenir〕が問題だからです。「公共」空間という次元がその哲学的近代に到達したのは、おそらく啓蒙〔les Lumières〕、フランスあるいはアメリカ革命、カントのそれのような言説とともにでしょう。カントは啓蒙〔Aufklärung〕――光〔Lumières〕と日〔jour〕の進歩――を、自分の理性をあらゆる点で公的に使用する自由に（理性は、それが批判もしなければならない「世論」に還元はされないとしても）結び付けています[14]。このポスト‐革命期の近代にあっては、メディアの技術＝経済的変化がまた別の拍子を刻んでいます。第一次世界大戦が終結するや、とりわけドイツにおいて、議会制民主主義の伝統的な空間にラジオの力が導入した危機が、いくつもの深刻な議論を引き起こしました（テンニースの『世論の批判』は一九二二年に出ていますし、C・シュミットの仕事は公共空間のあらゆる分析のなかに、左右を問わず、引用の有無を問わず、生き続けています、たとえばハーバーマスにおいて。ここでこの問題に深入りするわけにはいきません。それに紙上の制約もお忘れなく。量的な意味での制約と同時に、それはまた読み易さのモデルを押しつけもします。ここで私が電文体の省略に委ねざるをえないもののなかに、私たちが今現在論じている重要な課題がすべて集約されています。新聞紙上で新聞の話が真剣にできるでしょうか。できるとも、できないとも言えましょう。密輸入ということです）。上述のような議論は時代遅れなものではありません。世論は取りあえず一国的とみなされてきましたが、その世論についての明日のテレビ放送の即時的な国際的波及効果を考えてみましょう。テレビが引き起す事件に文字通り随伴したり、さらにはそのような事件を生産することもできるような世論調査の技術がもたらした変革（『真実の時』〔L'eure de vérité〕[15]！）を考えてみましょう。なるほどこの技術は、新聞と同じく、制度上の代表を奪われた少数者に発言の機会を与え、誤謬や不正を訂正することもできましょう。しかし、繰り返しますが、この手の「民主化」が、正当に、選別操作抜きに「世論」を表象することは決してありません。「報道の自由」は民主主義の最も貴重な財産です。しかし、少なくとも、今私たちが立てたような問いが、法及び習俗のなかで実効的に認められない限り、この基本的な「自由」は発明すべきものであり続けるのです。それも毎日。少なくとも。それとともに民主主義もまた発明されなければなりません。

——それでは、形式的には自由な報道が検閲として機能しないようにするため、どんなシステムを発明すべきでしょう。

『社会契約論』が「一種の法」たる世論の「判断」を扱っているのは、まさしく「検閲＝監察制度について[16]」の章です。しかし、ここで形式／内容という対立に信を置くことができるでしょうか。報道の自由を前進させるためには、ある内容を形式に与えるだけで、つまりある権利だけで十分でしょうか。権利だけで義務は果たさない、「報道を前にした＝に対する」自由は承認しないというわけにはいかないでしょう。形式的厳密性抜きには、いかなる権利も防衛することはできません。ですから、より緻密な諸装置を、「自由市場」の技術＝経済的変化によりよく調節された、より分化した法律を発明すべきです。無限の任務です。いつまで経っても、さらになすべきこと、改善すべき点はあろうということばかりでなく、ある原理的矛盾のためにこの任務は無限なのです。自由主義的民主主義は、なるほど（公「権力を持つ批判[17]」とカントが言う、法的な意味での）検閲が、失地を挽回することのないよう目を光らせていなければならないでしょう。また、広い意味での「検閲」の諸効果、自由社会を脅かす、言わば「新たな検閲」に対しても、蓄積、集中、独占、要するに、その間尺に合わないものを周縁化ないし沈黙に帰してしまう、あらゆる量的現象に対しても闘っていかなくてはなりません。といっても、複数性、拡散、細分化、選別の場やそれを所有する主体の流動性を、単純に擁護するわけにもいきません。というのも、社会＝経済的な諸力は、こうした周縁化や、総合的な討議場のこうした不在になおもつけこむことができるでしょうから。どうしたら大論争の大通りを、多数派に手の届く形で、しかも公開の演説、評価を下す審級、「舞台」あるいは可視性の場等々の多様性と質とを豊富化させつつ開くことができるでしょう。こんな提案は賭事じみた突飛なもので、アポリアなのでしょうか。不可能にして是非とも必要なこの発明は、次のようなもう一つの命法を出発点としてはじめて予告され得るものです。すなわち、民主的討議場の統一ないし「中心性」が、集積《マッス》、集中、等質性ないし独占のそれと混同されてはならない、という命法です。ところで「新たな検閲」は、これがその狡知の力なのですが、集中と細分化、蓄積と民営化とを組合せます。それが非政治化するのです。「視聴覚」部門でより顕著だとはいえ、[18]この恐るべき論理はそこに引き籠もっているわけではありません。ある解釈、即ちある選別的評価が一つの「事実」に形を与える〔informe〕や否やそれは作動します。いかなる情報〔information〕もこの論理を逃れることはありません。

これは「文化」誌（芸術、文学、哲学等）と呼ばれるもの、政治的判断ないし選挙による決断としての世論を直接には誘発しない、「緻密」で超過規定を受けた、超コード化された評価にあっては余りに明白なことでしょう。あるメディア制度が大規模な市場現象を作動させる度に、それは同じく大規模な没収と検閲を行います。その実際の折衷主義や表向きの自由主義が、その美徳や悪徳がいかなるものであれ、眩惑しようが退屈だろうが、上品に見えようが下品に見えようが、あるいは同時に両方であろうが、それは教条化するものです。その才能のあれこれについてひとがどう思おうと、あるただ一人の判定者に何らかの場所で評価・選別・新人発掘の独占が委ねられると、この人物が文化のスーパーマーケットにおける売り上げを左右することになります。そのとき作品は、この巨大な手鏡に映るための諸条件を満たしていない場合には、文壇〔la cour〕のはるかかなた、ほとんど私的な仲間内の闇夜〔nuit〕に追いやられてしまいます。そしてこの手鏡は、歪曲することで魅惑し、選別し、かつ自分の側へ多大なエネルギーを外らし、会話を途切れさせ、社会の体と眼差をある新たな生理に屈伏させ、しまいには国外へと、国民文化の最新の偶像を投射することになります。今日のこの段階では、一冊の本は、内密でほとんど私的な文通とは別のものたらんとすれば、一万部以上売れ、かつ——区別しておきましょう——読まれなければなりません。その結果どうなるかと言うと、いわゆる「難解な」探求、イメージないし語りのステレオタイプに逆らうような、こうした形でその「平均」（単数形で用いられた場合、opinion はつねに「平均」を意味します）において表象された文化の諸規範に従順でないような探求は舞台から排除されます。隠蔽され、日＝光明を奪われるのです。そのために、こうした探求は次第にひとから、「晦渋な」、「難解な」、さらには「読めない」ものと判断されることになり、こうして「ひと」が言う通りのもの、望む通りのもの、つまり近づき難いもの等々になってしまうのです。このサイクルは加速度的に速くなります。私たちの「文化」メディアの質について何が言われているにせよ、この国がヨーロッパで最も読書量の少ない国の一つであるのは、私たちの図書館が無残な、ほとんど口にするのもはばかられるような状態にあるのは、そして切り離せない問題として、「判断の形成」にとっての特権的な場である学校・大学が、周知の苦境を堪え忍んでいるのは偶然でしょうか。

しかし、ここでもまた単純化は慎みましょう。別のリズム、別の行程も考慮される〔＝別のリズム、別の行程でも計算する compter avec〕べきでしょうし、数量的な直接性に眩惑されてばかりはいられません。学校同様、報道も民主化の質に参加しています。「平均的な人々」の手に届くということは進歩でもあります。新聞のなかには、場合によっては公式の（例えば学術団体の）諸評価を、良い方ないし悪い方に、強調ないし批判することのあるものもあります。結局の所、メディア権力には限界がないのでしょうか。それもまた、つねに沈黙しているわけではない公衆によって、日々評価されています。内的な異和を孕んでいるこの権力は、ときには、その大きな体のある場所が他の場所をという風に、自己批判することもあります。最終的にはこの権力は、より長いタームで、この権力にとって必然的に解読不能に留まるような諸基準に従って判定されているのではないでしょうか。翌月には忘れられてしまうような大衆的成功に貢献しているとしても、それは自らの忘却に向かって急いでもいるのではないでしょうか。その読解可能性の格子を逃れるような反時代的な前進が、いつの日か異論の余地なく声価を確立することもありましょう。ある作品の将来の歩みに関しては、周知のように、十人の読者の質が一万人の購買者が即座に現れることよりも決定的な役割を果たすこともあります。私たちの巨大なメディア機械の手にかかったら、一九八九年のランボーやロートレアモン、ニーチェやプルースト、カフカやジョイスはどうなるでしょう。彼らは最初、一握りの読者（最小聴取率）によって救われたのですが、その読者たるや何という人たちだったでしょう。残念ながらこれは時代錯誤的な類比でしょう。これらの冒険の内在的な歴史は、おそらくその外部に、つまり「公共空間」の――この事実を否認しようがしまいが――今では廃れてしまったある構造に結びついていたのです。しかし小部数出版も一つのチャンスを保持しています。ほとんど私的なものでありながら、それでもそれは公共空間に出入りできます。両者の中間、地下出版〔samizdat〕です。こうした様々なリズムや質的な差異を考慮するなら、「私的なもの」と「公的なもの」の間の境界にどれだけの孔が空いているかは、かつてなく計算不可能に思われます。一つ一つの事件が、密輸業者や抵抗者《レジスタン》のように、法と交渉するのです。通過できるかどうかはまったく保証の限りではありません。世論が計算不可能な平均なのではなく、おそらくは、〈計算不可能なもの〉〔de l'incalculable〕があるのです。ただ、この〈計算不可能なもの〉は、そのようなものがあるとして、決して現前することはありません。それは科学的ないし哲学的ななんらかの対象化の主題ではなく、決してそうはなりません。

ですから、唯一の選択は集中か拡散かではありません。選択肢はむしろ、単数あるいは複数の「公衆」に対するメディアの関係における、一面性と多面性の間にあるでしょう。責任〔responsabilité＝応答可能性〕、つまり報道の、報道を前にした（＝に対する）自由は、つねに、「応答（＝反論）権」〔droit de *réponse*〕の実効性次第ということになりましょう。この権利によって市民は、受動的で消費者の立場に甘んじている、そしてその故に必然的に権利を侵害されている「公衆」の、（要するに私的な、そしてますます私的になってゆく）部分以上のものになれるのです。相互性なき民主主義などありえましょうか。

——どうしたら応答＝反論権にそのような拡張を与えられるでしょう。

フランスは（専ら公権力の側からの）訂正権が、より広くは反論＝応答権が認められている数少ない国の一つです。しかし、この基本的権利は、きわめて制限的な諸条件のなかでしか行使できません（私が問題にしているのは厳密に法律上のことで、道徳や政治ではありません）。誤謬あるいは捏造、割愛、解釈上の暴力、不当な単純化、当てつけのレトリック、妄言もまた、大抵の場合公で即座の応答＝反論を受けずにすんでしまいます。ラジオでもテレビでも新聞でも、もちろん大規模な形で書籍のなかでも事情は同様です。法律上、技術上の諸困難によって予め挫折してしまわなかった場合でさえ、応答＝反論はそれが現れた場所、枠組み、遅れによって無力化されてしまいます。応答＝反論権の適用範囲がすっかり拡張され実際の効力を持たない限り（またしても無限の任務です）、民主主義はそのことで、それだけ限定されることになりましょう。新聞だけの問題だろうかとおっしゃるのであれば、なるほどその通りです。しかし、今日、新聞〔journal〕は至る所にあります。いずれにせよ、それが日＝光明〔jour〕そのものを与えるのであり、自分自身を日＝光明として与えています。それが公共空間に、その公共性に光を与えています。ゆえに、応答＝反論権はほとんど存在していません。この非対称性の暴力を、そしてそのなかの何が解消可能で何が不可能なのかを、なぜひとはかくも頻繁に知らない振り（民主主義の／という虚構）をするのでしょう。この余りに明白な事実を前にして、なぜ偽善、否認、あるいは盲目に陥るのでしょう。この自明事が、真昼のごとく明らかであると同時に、現行の、あるがままの民主制の最暗部でもあるのはなぜでしょう。

　善意（欠くべからざるものですが）だけでは、単なる「意識＝良心」の論理や責任＝応答可能性の法学的な、従って不適切な概念にもはや属さないような物事は変えられないこと、諸々の技術的装置と形式的適法性（不可欠かつ改善可能なものですが）もこの〈尺度をはみ出すもの〉を決して屈伏させられないこと、応答、責任、宛先、行先等々が問題である以上、私たちが相続した諸々の哲学概念はこの点で決して十分ではなかったことに鑑みて、一七八九年の大革命は、私たちがさらにいくつかの革命へと呼びかける〔en appeler à〕場合にのみ想起される〔se rappeler〕ことになりましょう。ある約束の記憶であるこの呼びかけは、新しいトーンを求めています。それはもはや「革命的な」トーンではないかもしれませんし、「革命の一日」を越えて時間をかけなければなりません。このことには何の保証もありませんし、一頁でこれ以上のことは言えません。

「もう一息」〔Encore un effort〕です[19]。

そしてもう一言。最初に頂いた言葉、今日について。日数はすでに数えられています。また別の速度で、日＝光明（視像《イマージュ》の可視性及び公衆の公共性を含意していますが、しかしまた一日というリズムの単位でもあり、また政治的なるものの現象性でもあり、おそらくは同時にまたその本質そのものでもあります）が、もはや存在根拠〔*ratio essendi*〕では、つまり、いま話してきた遠隔＝超理論（＝観照）的〔télémétathéorique〕な諸結果＝効果の理由〔raison〕ないし分配基準〔ratio〕ではなくなる日が予告されています。ひとはそう信じている振りをしていますが、日＝光明がかつて一度たりと、万物の尺度であったことがあるでしょうか。ともあれこの通説《オピニオン》――あえて虚構とは言いますまい――は、その初版の形のまま、いまなおこの世で最も公平に配分されています。

訳注

105 日延べされた民主主義

＊ これは『フランス革命の世界』〔*Le Monde de la Révolution française*〕一号（月刊、一九八九年一月）に短縮した形で発表された（オリヴィエ・サルヴァトリ及びニコラ・ヴェイユとの）対話の完全版である。

〔1〕「とは言え、世論はそれを統御することは非常に難しくとも、それ自身はきわめて不安定で変わりやすいものです。偶然、すなわち偶然的な多数の原因、思いがけない状況が、力や理性にはできないであろうものをつくりだします。あるいはむしろ、力がそれに対して何もできないのは、まさしく偶然がそれらを導いているからです。手を離れた骰子は、それにいかなる衝撃を与えても、望むような点を出すことはもはや容易でないのと同じように」（「ダランベール氏への手紙」、西川長夫訳、『ルソー全集』、第八巻、白水社、九三頁）。

〔2〕フランスでは一七九一年の国民議会における死刑廃止の提議以来一九〇年の紆余曲折を経て、ミッテランの大統領就任後の一九八一年九月、上下両院で死刑廃止案を可決した。逆説的にも世論調査では、保守党支配下の六〇年代には廃止派が多数を占めていたが、この廃止の時点では存置派がやや優勢であった。現在も極右「国民戦線」による死刑復活キャンペーンが続いており、八八年大統領選における中道右派の候補レイモン・バールも復活論者の一人。世論にも波があり、現在のアメリカの例をみても状況は予断を許さない。

〔3〕 八一年の大統領選の際、フランス社会党の公約には、在仏三年以上の外国人への地方選における選挙権の付与がうたわれていたが、人種差別主義潮流の台頭を受けて実現されなかった。八八年の選挙キャンペーン中ミッテランはこの公約の実現に向けた国民的論議の開始を提唱、彼の再選後、国籍とは区別された新市民権の制定を軸に議論が進んでいる。現在同様の市民権を採用しているのはアイルランド、スウェーデン、デンマーク、フィンランド、ノルウェー、オランダ、及びスイスの二州。

〔4〕 八四年秋に、アルレム・デジール、ジュリアン・ドライ、エリック・シェバリ等の二十代の青年が創設した大衆的な反人種差別運動。既成の反人種差別団体の旧い体質と防衛的姿勢からの脱却を目指し、マスメディアを大胆に活用しつつ主として高校生の間にシンパを獲得していった。当初はあらゆる政党からの独立を標榜していたが、八八年の大統領選前後から社会党との連携に踏み切った。このグループの集会にはデリダも参加して発言している。

〔5〕 「世論を導くのにふさわしい手段の選択に関しては、それはまた別の問題であって、その問題をあなたのために解くのは余計なことであるし、またここはそれを多数の人々のために解くべき場所でもありません。私はここではただ、その手段は法律でも刑罰でもなく、またいかなる種類の強制的な手段でもないということを、際立った一つの例によって示すだけにとどめておきたいと思います。(中略)

こうしてむだなことが行なわれているのです。世論を変える方法が見出されないかぎり、理性も美徳も法律も世論を打破することはできません。もう一度言いますが、この方法は外的な強制とはまったく無縁なものです」(ルソー同書、八五及び八八頁)。

〔6〕 三部会派遣議員に各集会が託す陳述書にして備忘録として、一四八四年以来形式としては存在していたが、一七八九年一月に公表された国王による全国三部会召集状が、第三身分の投票権の大幅な拡張を認めると

ともに、議員が国民のあらゆる階層の陳情を携えてくるよう勧告したため、文字通り全国的な陳情書起草準備が興奮を巻き起こした。三部会にもたらされた請願要求控帳は四万通にのぼり、当時の民衆の日常的苦悩や身分間の矛盾が初めて明るみに出た。

〔7〕 第三共和制下、無償の世俗的義務教育を骨子とする公教育制度がジュール・フェリによって確立されたのは一八八二年。カトリック系の宗教学校は以後私立となったが、その教員の給与は国家負担のままであった。一世紀続いたこの慣行の撤廃が社会党の公約にうたわれていたため、社会党政権成立後、八三年に教育相アラン・サヴァリは改革案を提出、これをめぐって左右の対立が深まった。私学校側はかつての共和派の標語である「自由学校」を掲げ、複数性と教育の国家からの自由の名において改革案に反対し大衆的な動員に成功、世論の七〇パーセントの支持を得ると同時に八四年六月にはパリで一五〇万のデモを実現させた。大統領の介入によって改革案は撤回され、教育相は辞任を余儀なくされた。

〔8〕 八六年三月に成立したシラク保守政権下で、高等教育・研究担当相ドゥヴァケは選別システムの強化と学費の自由化を骨子とし、六八年の大学改革を全面的に否定する大学制度改革案を提出、これに対し全国の学園で反対運動が起こった。首都に集まった学生たちは十一月二二日にソルボンヌで「全国学生調整委員会」を設立、その後二週間に一〇〇万規模の結集を実現して法案を廃案に、高等教育・研究担当相を辞任に追い込んだ。また八八年の秋に史上初めて看護婦による大規模なデモがパリで行なわれ、賃金の上昇、労働環境の改善、看護労働の特殊性の承認を求めて調整委員会を結成、政府との長期に亙る対話を続けた。この二つの運動はいずれも、参加者の若さ、直接民主主義の復活、既成の組合組織からの独立、ミニテルなどの新しいメディアの積極的な活用を特徴としている。

〔9〕 八八年九月、ルーセル＝ユクラフ研究所が開発した経口妊娠中絶薬ミフェプリストン、別名RU486

に対して厚生省薬剤販売認可委員会の許可（中絶センターによる処方に限り）が下りるや、反中絶諸団体、カトリック教会、極右から激しい反対の声が上がり、脅迫に怯えた研究所は一時この薬の商品化を見合わせた。十月末、厚生相クロード・エヴァンが研究所に販売再開を命じ事態は収拾した。

〔10〕フランスでは、八八年十一月、政府がエイズ対策のため、コンドーム使用のメディアを通じた奨励に踏み切り大がかりな宣伝活動を開始した。それに対して六七年の自由化以降も避妊反対の立場を貫いてきたカトリック教会は、パリとリヨンの司教名で激しい抗議を行なった。しかし、今回は教会内部からも、エヴリュー司教のジャック・ガヨのように、この声明を生命軽視であり反道徳的だとして批判する勢力が現れ、八九年一月、司教常任理事会は「より少ない悪」としてコンドームの使用を容認する立場に転じた。

〔11〕八八年六月、パリとリヨンの司教はマーティン・スコセッシの映画『キリスト最後の誘惑』の一般公開に対し反対を表明、社会党の閣僚との間の論戦に発展した。十月二二日には映画上映中のシネマ・サンミッシェルが原理主義者によって放火され、十人の負傷者を出した。以上いずれの件についても、司教の立場と一般信徒の意識の間には相当の落差があることが――世論調査によって――知られている。

〔12〕言語活動と公／私関係については、デリダ『弔鐘』（*Glas*, Galileé, 1974）におけるヘーゲル『法の哲学』の分析を参照。

〔13〕「代表者という着想は近世のものである。それは封建政体、すなわちあの不正で不条理な政体から今日に受け継がれている。この政体のもとでは、人間は堕落しており、人間《オム》という名称も〔臣下《オム》を意味していたので〕屈辱的なものであった。古代の共和国においては、いや君主国においてさえ、人民はけっして代表者を持たなかった。こうした語を人々は知らなかったのだ。（……）」（「社会契約論」、作田啓一訳、『ルソー選集』、第七巻、白水社、一一〇頁）。

〔14〕　「ところでこのような啓蒙を成就するに必要なものは、実に自由にほかならない、しかもおよそ自由と称せられるもののうちで最も無害な自由——すなわち自分の理性をあらゆる点で公的に使用する自由である。（……）」（『啓蒙とは何か』、篠田英雄訳、岩波文庫、十頁）。

〔15〕　国営A2局のテレビ番組の名。毎回政治家一名をスタジオに招き、ジャーナリストとの質疑応答を生中継する一方、討論の前後に彼あるいは彼女の個人的信望やその主要な主張について視聴者アンケートを行ない即座に公表することで、番組が世論に及ぼした効果を測定する仕組みになっている。

〔16〕　「一般意志の表明が、法によって行なわれるのと同様に、公衆の判断の表明は、〔戸口〕監察制度によって行なわれる。世論は一種の法であり、その執行者は〔戸口〕監察官である。そして、彼は、統治者と同じように、この法を個々の場合に適用するだけである。

だから、監察官の法廷は、人民の世論の審判者であるどころか、その表明者にすぎないのであり、もし人民の世論から離れるようなことがあれば、その決定はたちまち空虚な、効力のないものになってしまう」（ルソー同書、一四七頁）。

〔17〕　「道徳がその法則の神聖性に最大の対象を認めるとき、道徳は宗教の段階ではその法則を施行する最高の原因に崇拝の対象を表象し、自らの最大の威厳をそなえて出現する。だが、およそすべてのものは、もっとも崇高なものですらも、人間がそれの理念を自らの使用にあてると、人間の手にかかって卑小化されてしまう。それに対する尊敬が自由であるという点でのみ真に敬われうるものが、強制的法則によってのみ威信が与えられるにすぎないような形式に順応させられ、各人の公の批判に自らすすんで身をさらしているものが、権力をもつ批判に、つまり検閲に、屈伏しなければならないのである」（「たんなる理性の限界内における宗教」、「第一版序文」、飯島宗享・宇都宮芳明訳、『カント全集』、第九巻、理想社、一二一頁）。

〔18〕 八六年シラク政権の成立と同時に国営テレビ放送局の多くが民営化され、ドキュメンタリー番組『レジスタンス』を始め、少数派に開かれていた少なからぬ番組が廃止された。

〔19〕 マルキ・ド・サド『閨房哲学』（一七九五年）所収の「フランス人諸君、もし共和主義者たらんと欲すれば、もう一息だ」を踏まえている。

（鵜飼 哲訳）

訳者あとがき

本書は、Jacques Derrida, *L' autre cap*, Les Édition de Minuit, 1991 の全訳である。

原書に収められたテクストのうち、L' autre cap, Mémoires, réponses, responsabilités は、まず *Liber, Revue européenne des livres*, octobre 1990, n°5 にその短縮版（原注もない）が発表され、同じ訳者によって「もうひとつのキャップ――記憶・応答・責任」（『みすず』一九九一年四月号）として訳出された。また、La démocratie ajournée は、*le Monde de la Révolution française*, janvier 1989, n°1 に短縮した形で発表され、同じ訳者によって「日延べされた民主主義」（『現代思想』一九八九年十一月号）として訳出されたものである。

「他の岬」はデリダのヨーロッパ論である。デリダがヨーロッパを問題にするのはこれが初めてではない。脱構築（déconstruction）と呼ばれる彼の思考にとって、ヨーロッパ問題は陰に陽につねに主要なトポスのひとつであった。

脱構築はなによりもまず、西洋形而上学の脱構築として現われたのだから、それも当然であろう。すでにデリダは、エコール・ノルマル・シュペリユール（高等師範学校）在学中（一九五三―五四年）に書いた『フッサール哲学における発生の問題』（一九九〇年刊）のなかで、フッサールがいかにして現象学を西洋的伝統への「責任」の言説として定義しうるのか、フッサールがあらゆる歴史性のテロスとするヨーロッパという「範例」は、なぜ「両義性」をもち、「自分ではないもの」による「汚染」を免れることができないのか、という問題を論じていた。本格的な脱構築宣言とも言える『グラマトロジーについて』(一九六七年)では、脱構築が問いの俎上に載せるロゴス中心主義が、「単なる歴史的相対主義には接近不可能な」「このうえなく独自かつ強力な」ヨーロッパ中心主義であるとされ、それが「今日」「地球上に自己を押しつけつつある」ことが問題とされていた。これらはほんの目印にすぎず、注意深い読者なら、すでに三〇年以上にわたって書き続けられてきたデリダのテクスト群のなかに、「他の岬」につながるヨーロッパへの問いの数々を容易に見出すことができるだろう。

もちろん、これは、デリダがヨーロッパ問題を哲学の内部でのみ考えようとしている、ということではない。ロゴス中心主義を問題視し、哲学の「他者」を考慮することに努力するデリダの思考が、そうした「観念論」から遠いところにあることはいうまでもない。しかしまた、他方では、ヨーロッパ問題が単純に哲学の外部にあるわけでもないことは確かである。ヨーロッパの理念の発生をどこに求めるにせよ、それはつねに、多かれ少なかれ哲学的な言説を通して自己を自覚してきたのであって、「他の岬」でデリダが「近代の伝統的言説」と呼ぶヘーゲル、フッサール、ハイデッガー、ヴァレリーらの言説は、そのもっとも典型的な事例である。ナショナリズムと同様、ヨーロッパもまたひとつの哲学素(philosophème)なのであり、だからデリダは、「他の岬」においても、「近代の伝統的言説」とりわけヴァレリーのテクストの読解を通してヨーロッパを考え直そうとするのである。

とはいえ、「他の岬」は単に、これまでのデリダの思考の継続であるだけではない。ここには「今日」の刻印があり、「今日」の「切迫」に応じたいわゆる倫理的 - 政治的(éthico-politique)な責任への展望がある。

性急な倫理主義や政治主義には距離をとりながらも、デリダがこれだけ率直に「今日」の「責務」について語ったのはこれが初めてだろう。

ヨーロッパの「今日」とは何か。「他の岬」にとって、それは「いわゆる中央ヨーロッパといわゆる東ヨーロッパを襲った激しい地震」——「ペレストロイカ」、「民主化」、「ベルリンの壁の崩壊」、「再統一」等々——であり、「いわゆる《湾岸》戦争」であり、そして名指しこそされていないが、なによりもまず、国民国家の神話に挑戦するEC（ヨーロッパ共同体）統合の進展である（「他の岬」の講演は一九九〇年五月、原注は「いわゆる《湾岸》戦争三日目」、序文の「今日」は同じ「戦争のさなか」の一九九一年一月二九日という日付をもっている）。いうまでもなく、「他の岬」が「まだゆくえ定まらぬ」と述べているペレストロイカは、すでにソヴィエト連邦もろとも終焉したし、その「展望」についてのみ語られているドイツ再統一は実現して久しい。だが、ここでデリダが「現在」の「比類なき事態」のうちに「さまざまな兆し」を看て取っているもの——「同一性の権利」において、「外国人排斥や人種主義や反ユダヤ主義や宗教的あるいは民族主義的ファナティスム」といった「最悪の暴力」が解き放たれ、もつれ合い、同時にそれが「約束の息吹、呼吸、精神＝気息そのもの」ともつれ合うといった状況——は、その後の時間のなかで誰の目にも明らかな現実となり、ますます「切迫」の度合いを高めている。この「もつれ合い」は、東の「暴力」と西の「約束」とのそれではけっしてない。外国人排斥を唱える勢力の進出や人種・民族主義的犯罪の増加傾向は、フランス、イタリア、オーストリア、スペイン、スウェーデン、ベルギー等に広がり、とりわけ九二年後半のドイツにおいて頂点に達したし、旧ユーゴスラヴィアにおける「民族浄化」思想の復活、それに基づく凄惨なテロルと「強制収容所」の現実に対して、西ヨーロッパはその無力さをさらけ出している。ECの市場統合は九三年一月一日をもって発効したものの、この記念すべき「ヨーロッパ元年」の始まりの日に、ECが「一種の慎み」（ジャック・ドロール委員長）から公的な記念行事を自粛せざるをえなかったことは象徴的である。

「希望とおそれとおののき」のうちにある「今日」のヨーロッパ。デリダはその渦中にあって、ヨーロッパ的言説の伝統における「キャップ」（岬＝先端＝頭）の論理、範例性（exemplarité）の論理の支配を明らかにし、しかもこの伝統を全面否定する反ヨーロッパ中心主義の身振りをも慎重に斥けて、「ヨーロッパ」を「ある種の状況における最良の古語」として保持しつつ、同時にこのキャップから他のキャップへ、他者のキャップへ、そしてキャップ一般の他者へと開かれていくことのチャンスを語り始める。「ヨーロッパではないもの、ヨーロッパではけっしてなかったもの、ヨーロッパではけっしてないだろうものへと向かって、ヨーロッパを開く」ということは、一連の「二重の命法」として展開される「義務」でさえある。この義務は「二律背反の試練」を含み、「二つの矛盾した法に責任を負う」いわば「不可能な」義務であるが、デリダによると「不可能なものの経験でないような責任は存在しない」。なぜなら、行為も倫理も政治も、それが「可能なもの」の次元にとどまるときには、もっとも広い意味でのプログラムの実行——あらかじめ与えられているものの適用——にすぎなくなり、「潔白意識」と引き換えに他者への応答を回避するものになるからである。可能なものにではなく、不可能なものの経験に釣り合う倫理的‐政治的責任を思考すること——デリダがここで試みているこの困難な作業は、まさに脱構築の法外な射程に見合っているように思われる。

興味深いのは、デリダが一連の義務に内在する「二律背反」を「遂行論的矛盾」とも言いかえていることである。このことは、「コミュニケーション的行為」とその「言語モデル」についての明示的批判、「近代の伝統的言説」の主題化等にとどまらず、「二律背反の試練」を回避するどころか、それをヨーロッパの責任にとって不可欠の条件として「要求」するデリダの議論自体が、『近代の哲学的言説《ディスクルス》』におけるハーバーマスからの批判への応答という意味をもつことを示唆している。ハーバーマスがそこでしているように、理性の他者からのあらゆる問いかけ、また、ヨーロッパ近代の「規範」を前提しないあらゆる問いかけを、あらかじめ「遂行論的矛盾」の名のもとに失効させてしまうのは、デリダの側から言えば、「二律背反の試練」を回避し、そのことによって他者への責任＝応答可能性（responsabilité）を回避するひとつの仕方であることになるだろう。

翻訳にあたっては、デリダの場合つねに言えることだが、さまざまな語のもつ「多義性」の効果をどう処理すべきかに悩まされた。今回も結局は、複数の訳語を優先順位を考慮しつつ等号で結ぶといった程度のことに落ち着かざるをえなかったが、とりわけ重要な cap のように、岬、先端、頭、長、キャプテン、帽子、資本、首都等、きわめて多くの意味をもち、文脈によってその一部が際立てられたり、それらのすべてを含んで一般的な意味で使われたりする場合には、あらかじめ「規則の一般性を自由にする」ことはまさに「不可能」であった。タイトルの *L'autre cap* も、『みすず』に掲載した短縮版の拙訳では、一般性を考えて「もうひとつのキャップ」としたのだが、今回は鵜飼氏の示唆もあり、書名としての形象性を重視したいこともあって、思い切って「他の岬」とすることにした。

たまたま校正の時期に訳者がパリ滞在中であったために、曖昧だったいくつかの箇所につき、直接著者のデリダ氏にただすことができたのは幸いだった。貴重な時間を割いて訳者の質問にていねいに答えてくれたデリダ氏に感謝したい。また、ヴァレリーからの引用の訳出にさいしては、すでにある邦訳をできるだけ参照し教えられるところが多かった。もちろん、これらの結果、なお残っている誤りの責任はすべて訳者にある。読者の忌憚なきご批判を仰ぎたい。校正その他全般にわたってお世話になったみすず書房の守田省吾氏にも、この場を借りて御礼申し上げる。

一九九三年一月一五日

高橋　哲哉

「民の声、神の声」(Vox populi, vox Dei)。ヘシオドスに起源を持つとされ古代ローマで諺の形を得たこの言葉は、周知のように、アメリカ合衆国の独立以来、「世論による統治」(government by public opinion)という民主主義の真理を語る言葉として称賛されてきた。しかし、あらゆる諺と同様、ひとはこの言葉におよそ相反するさまざまな意味を語らせてもきた。古代においては、「民の声」とは、不可知の「神」の意志を告げる神託であった。近代政治制度の形成期には、この言葉は、王権神授説を掲げる君主制に対する闘争のなかで、人民主権を正当化する目的で援用された。アメリカ建国期にこの言葉を引いたトマス・ジェファーソンにとって「神」が単なる修辞でなかったことはこれまでも多くの論者の注意を引いてきた(例えばアレント『革命について』の五章「創設、その二」、デリダ『耳伝』所収の「独立宣言」など)が、共同体を創設する言語行為に固有の逆説のほかに、そこには、「神」の唯一性に見合う均質性を備えた「民」を、主権者として創出=確立するという強力なモチーフが働いていた。この点を指摘したのはカール・シュミットであった。

(…)神は政治の領域においては特定の人民の神として以外に現われることはできない。「民の声は神の声」という命題はそのことを意味する。(…)神を直接引き合いに出すことによって、神の恩寵による王制同様この言葉は、一つの挑戦的な意味をもっている。すなわち神の名において人民にその意思を強いようとするあらゆる段階の他者の拒否、したがって自己の人民の実質的同質性に由来しないすべての政治的な影響と作用の拒否である。(『憲法論』、阿部照哉・村上義弘訳)

しかし、共同体における支配者と被支配者の同一性を原理とする〈民主主義〉に対し、近代政治制度のもう一つの柱である〈自由主義〉は、公開性と討論というまったく異なる原理に立つ。『現代議会主義の精神史的地位』でシュミットが述べているように、〈自由主義〉と〈民主主義〉が共通の敵＝君主制に対して結束していた十九世紀には認識不可能だったこの原理間の相克は、第一次大戦後の欧米諸国、とりわけドイツにおいて危機的な発展を見せ、議会制度への「信仰」と大衆民主主義の現実の間に横たわる深淵はもはや覆うべくもなくなった。すなわち、権利上は主権者＝主体であるべきもの（〈人民〉）が、事実上は議会政党による多数派獲得のための操作の対象（〈大衆〉）でしかないという矛盾が白日のもとに露呈したのである。「民の声、神の声」という言葉は、こうして、顧客と化した公衆の合意の獲得を目指す「広報活動」こそ政治であるという意味に理解されるに至った（ハーバーマス『公共性の構造転換』、第六章「公共性の政治的機能変化」参照）。

この認識は両大戦間のドイツにおいて、ある場合には十九世紀以来の社会主義的な形式民主主義批判に結びつきつつ独自の理論的展開をみせ（たとえばベンヤミン『暴力批判論』）、他の場合には三十年代以降のシュミットのように、ファシズム運動に合流して憲法秩序の否定に向ったが、この左右両翼からの議会制民主主義批判の共通点は、〈人民〉に変わる主権者＝決断の主体を新たな政治神学の問題として提起した点にあった。

「日延べされた民主主義」は、こうした議会主義批判の必然性をすすんで認めつつ、これらの批判がその対象である議会制民主主義（少なくともその自己表象）となお共有している諸々の形而上学的規定の脱構築の可能性を示唆することで、「来るべき民主主義」の思考の枠組みを素描する試みといえよう。二十世紀の政治神学がその動機においていかに必然であるとしても、それが「神学」として提示される限り、それは「最高の存在者」を要請する点で「主体」と「表象＝代表」の形而上学に属している。この点でデリダは、他の点ではシュミットやベンヤミンと類似の発想を共有するハイデッガーの近代批判の優位を認める。ハイデッガーによれば、デカルトに始まる近代とは真理が表象の〈確実性〉に転化し〈計算可能性〉が存在の尺度とされる時代であり、民主主義的代表制度もその帰結の一つであるが、その一方で彼は、この時代がその臨界において、さまざまな「巨大なもの」の出現を通じて「計算不可能なもの」を齎らしつつあることも見て取っていた。

(…)計画、算定、設備、保障の巨大なものが量的なものから或る独特の質に急変するや否や、巨大さすなわち外見上は徹頭徹尾、いつでも算定され得るものは、まさしくこのことによって、算定され得ないもの(Unberechenbaren)となる。人間が〈主体〉となり世界が像となったとき、この算定され得ないものは、一切の事物の回りに到る処で投げられている目に見えない影(unsichtbare Schatten)に留まるのである。近世的世界それ自身はこの影によって、表象から引離された空間の中に身を横たえ、こうして上述の算定され得ないものにそれ独特の規定性すなわち歴史的に比類のないものを与える。この影はしかし何か別のものを暗示している。それを知ることは我々今日の者たちには拒まれている。

(『世界像の時代』、茅野良男・ハンス・ブロッカルト訳)

ハイデッガーの思考の歩みのこの局面を、デリダの「世論」分析は踏まえているように思われる。と同時に、私たちはここに、ハイデッガーの命題の数々を転倒する際の、デリダの二重の身振りの端的な例を見ることもできる。ハイデッガーにとって「世論」は「空話」(Gerede)であり、「伝達」一般に構造的に含まれる「平均的理解可能性」(durchschnittlichen Verständlichkeit)(『存在と時間』、三十五節)であって、たとえ「空話」が否定的規定でないにせよ、このような命題が彼の反民主主義的な政治姿勢と無縁でないことは否定すべくもないからである。デリダが「世論が計算不可能な平均なのではなく、〈計算不可能なもの〉がある」と述べるとき、彼はハイデッガーとともに、ハイデッガーに反して「世論」を思考している。このような姿勢はハイデッガーの思想の「政治的帰結」に目をつむりその諸命題のみを無批判に受け入れる立場からも、ハイデッガーの図式を単に逆転し、彼が否定したものを事新しく持ち上げて自足する安易な便法からも可能な限り遠い。ハイデッガーの存在論批判をそれに相応しい水準で受け止めたうえで「民主主義者」としてなお「最も思考すべきもの」があるのであり、デリダにとって、それは、例えば、「世論」なのである。

こうしてあの諺「民の声、神の声」は新たな解釈を受ける。デリダは「世論」を「幽霊」と、さらに進んで「否定政治学の神」と呼ぶが、すでにシュミットは「世論」としての「人民」がつねに消極的に規定される存在（「官職を持たない」、「特別待遇を受けていない」等）であり、「それは決して承認され公的なものとなることはないし、また常に何らかの意味で統御されぬままに存在する」と述べていた（『憲法論』）。しかし、他方で彼はそのような「人民」をルソー的な「一般意志」の文脈で解釈し、「喝采《アクラマティオ》の主体」ともみなしていた。デリダはルソー自身が「一般意志」と「世論」を峻別していたことを重視する近年の研究動向にも眼を配りつつ、「世論」が少なくとも権利上は「対象でも主体でもない」と考える。「世論」としての「民」は、単に不在なのではないが決してそれ固有の場に現前せず、自ら肉声で語ることもない点で、否定神学の神と少なからぬ類縁性を持つのである。

デカルトとルソーの国フランスで、近年熱病的ともいえる世論調査が問題となっている事情もこの小論の背景を理解する上で重要であろう。去る八八年の大統領選の際、『カナル・アンシェネ』紙は、「明晰ならざるものはフランス的ならず」（«Ce qui n'est pas clair n'est pas français»）というリヴァロルの箴言をもじって、「調査不可能なるものはフランス的ならず」（«Ce qui n'est pas sondable n'est pas français»）という見出しを掲げてこの風潮を揶揄したが、「世論」が調査可能か否か、世論調査が政治的操作の手段か否かという点をめぐっては、この国ではすでに二十年来断続的に論争が続けられてきた。この議論に先鞭をつけたブルデューは『レ・タン・モデルヌ』誌一九七〇年一月号に発表された論文「世論は存在しない」（後に『社会学の諸問題』に収録）で現行の世論調査の諸機能を分析し、その最大の弊害を「世論が私的な意見の純然たる総和として存在するかのような幻想」を与える点にあるとした。このような立場に対し、『エスプリ』誌のジョエル・ロマンは、選挙期間中の世論調査の民主的効用を列挙する形で反論を試みている（「世論は存在するか?」、『エスプリ』、一九九一年、三／四号）が、「日延べされた民主主義」はこうした論争への介入でもある。デリダの視点からすれば、これらの論考の表題が示す通り今日問われるべきはまさしく「世論」の存在であり、それが表象の秩序に属さず、表出的因果性に従わない〈現象的なもの〉であることを確認したうえで、そのような境位における責任＝応答可能性の問題として、世論調査、新聞、出版等の情報産業、さらにはメディア一般の機能が、そして市民的諸権利のあり方が問い直されなければならないのである。

この小論の重層的な思想的コンテクストは以上に尽きるものではないが、それを全幅にわたって論じることは訳者後記の範囲を越える。最後に歴史＝社会的な状況を一瞥しておきたい。第二次大戦後のフランスは「世論」の突発的な変化をたびたび経験してきた。〈六八年五月〉はその好例であろう。また、欧州統合条約の批准を問う国民投票（一九九二年九月）の際、主要な議会政党が結託して行使したあらゆる作為や操作に対して「世論」が見せた驚くべき抵抗も記憶に新しい。「世論」をめぐる前述の論争の激しさもこうした経験と無関係ではないだろう（これはフランスの「世論」が「健全」であるという意味ではない）。日本に目を転じると、五五年体制の確立以降、フランスのそれに比較しうる規模の「世論」の激変や抵抗は、六十年、七十年の安保改定時を含めて起きてはいないように思われる。しかし、議会を支配する政党＝派閥政治が未曽有の危機に直面している現在、自衛隊、戦後補償、天皇制、憲法、日米安保、農産物の輸入自由化、教育問題、死刑制度、脳死＝臓器移植、女性の権利、少数民族の政治＝文化的自律、外国人労働者、外国籍所有者の参政権、公害、原発、エイズ等の問題に関して、事実上の判断が「世論」に求められる局面もありえなくはない。出来事として表象＝認知されることなく、そのような事態はつねにすでに生じているとも考えられる。また、メディア技術の発達にともない「世論」の境界が国内的にも国際的にもいよいよ決定不可能になりつつある時代に、この国の「世論」だけがかつてシュミットが語った「特定の人民の神」にとどまりうる保証もない。そして、旧来の反議会主義的な左翼運動が自らの内的矛盾を解決しえず思想的＝政治的な生命を喪失したとしても、それで議会制民主主義が巨大なアポリアであることを止めたわけではなく、それは日本の歴史＝地政学的位置や政治風土の「特殊性」によって解消されるような問題でもない。むしろ日本においてこそ、今日、民主主義の基礎と「世論」をめぐる問いは切迫した重要性を持っていると言えないだろうか。

　もとより「日延べされた民主主義」はこれまでの政治学的、心理学的、社会学的な世論研究や公共空間論の成果（リップマン、タルド、テンニース、ハーバーマス……）に哲学の立場から無効を宣告したり、それらに取って代わろうとするのではなく、民主主義及び民主主義批判の古典とともにこれらの著作の真剣な再検討を要請するものである。そのような意味で、このテクストは、楽観論にも悲観論にもニヒリズムにも与することなく、近代の諸々の革命の「約束の記憶」になお応えようとしている全世界の人々、それぞれの置かれている状況のなかで格闘している人々に向けられた別の思考と実践への招待として読まれるべきであろう。

一九九三年一月十九日

鵜飼　哲

解説——二重の義務

國分功一郎

本書は一九九〇年五月にイタリアはトリノで行われたシンポジウム「ヨーロッパの文化的同一性」でのデリダの口頭発表「他の岬」と、その前年、一九八九年一月にフランスの日刊紙『ルモンド』に発表されたデリダへのインタビュー「日延べされた民主主義」を収録したものであり、一九九一年にフランスのミニュイ社により出版された。高橋哲哉と鵜飼哲両氏による邦訳の出版は一九九三年のことである。デリダはその後、二〇〇四年にこの世を去った。出版から四半世紀、『他の岬』は装いを新たに、再び読者のもとへと届けられる。

本書を手にとった読者が最初に思いをめぐらすのは、本書のタイトル、「他の岬」が何を意味しているのかということであろう。「岬 cap」とは何か? それは何よりもまずヨーロッパを指している。ポール・ヴァレリーはヨーロッパを「アジア大陸」あるいは「旧大陸」の岬と呼んだ（一六～一七頁）。ご承知の通り、岬とは海や湖に突き出た陸地の先端のことだ。つまりそれは、中央ではなくて端であり、本体ではなくて「付属物 appendice」である。ヴァレリーは、そのようなアジア大陸の端、「居住可能な大地の全体に比べればごくごく小さな区画」（一六頁）で、「豊かなもの」、ある種の普遍的なものが生み出された逆説に注目した。デリダはそれを一つの導きとしてヨーロッパ論を書き進めていく。

capという語はまた興味深い多義性を有している。この語は「先端」や「頭」、「岬」を意味すると同時に、その先端が向かう先、すなわち「方向」や「進路」をも意味する。フランス語話者の耳には、「l'autre cap」というフランス語表現は「他の方向」「別の方向」といった意味を響かせる。デリダも本書の冒頭でそのことに注意を促している。「「l'autre cap」という表現はまた、他の方向が告げ知らされること、すなわち、目的地を変えなければならないことをも示唆することができる」（一一頁）。

ならばこのタイトルの示唆するところを次のように解読できよう。L'autre capとは、「他の岬」「もう一つの、別の岬」であり、すなわち、「もう一つの、別のヨーロッパ」のことである。さらにそれは、当時のヨーロッパが進んでいた方向にとっての、「別の方向」「他の方向」でもある。なぜ当時のヨーロッパにとって方向が問題だったのかというと、この講演がなされた一九九〇年当時、かの地は、今もなお激動の数年間として想起される大きな政治的変化の中にあったからである。その変化とは、一九八九年一一月の「ベルリンの壁崩壊」と呼ばれる出来事に始まる東欧の民主化、それに伴う冷戦構造の崩壊である。

東西を隔てる「壁」によって分断されていたヨーロッパなる地は、いまや新たな相貌を呈しつつある。アジア大陸の岬は何か他のものへと生成しつつある。だがその新しい岬はいかなる方向に向かっているのか？　たとえばその方向性は、「ホワイトハウスの官僚」（二六頁）によって、自由民主主義および経済的自由主義をもって迎えられる「歴史の終焉」と名指されたけれども、本当にそれでよいのか。我々には「もう一つの、別の方向」が必要ではないか。「L'autre cap」は以上の全てを我々に訴えかけてくる。

しかも、capをめぐる議論はこれだけでは終わらない。「われわれのキャップ notre cap」（一二頁）――すなわち、ヨーロッパ、ヨーロッパという岬、ヨーロッパ岬という先端の進む先……――を疑い、「他のキャップ

l'autre cap」、別の方向性を思い起こすだけでは不十分である。また、自分たちとは異なる他者がもっているキャップ、他者の方向性、「他者のキャップ le cap de l'autre」（同前）、――たとえばヨーロッパ以外の地域が向かっている先――を思い起こすだけでも不十分である。ここで cap と名指されている何かを支配している「形式、記号、論理」そのものを超え出る必要があるのであり、言い換えれば、キャップとは異なるもの、キャップにとっての他者、「キャップの他者 l'autre du cap」（同前）にまで思索をめぐらせねばならない。

キャップそのものの形式や論理とは、たとえば、「最先端」という意味での先端が先導して他のものを従わせることを意味するだろう。「針路を決定し、彼自身がそれである突き出た先端を決定する者」（一一頁）としてのキャップ（デリダはまたそれがいつも男であることにも注意を促している）。そういう先端《キャップ》＝頭の論理とは別の論理が探し求められねばならない。後半で cap という語がその語源をもとに、「首都 La capitale」と「資本 Le capital」に置き換えられることを考えると、これは、当然、首都や資本の形式と論理、すなわち、「覇権的中心性」（三〇頁）や自己増殖する貨幣の形式や論理への疑いを求める問いかけでもあろう。

かくのごとく記述しうる「キャップの問い」はきわめて古く、ヨーロッパの歴史と同じだけ古い（一三頁）。しかし、「他のキャップあるいはキャップの他者の経験［l'expérience de *l'autre cap* ou de l'autre *du* cap］」は、いま、全く新しい仕方で提起されている（同前）。言い換えればデリダは当時の政治的激動を、そのような経験として描き出そうとしたのである。

*

本書ではヴァレリーが何度も引用されている。これをどう考えればよいだろうか。デリダが最初に言及する

「ヨーロッパの偉大と衰退についてのノート」は、一九三一年に初版が発行された論集『現代世界の考察』（邦訳、『ヴァレリー全集』、第一二巻、筑摩書房）に収録された文章だが、ヴァレリーはその「序言」でたいへん興味深いことを語っている。ヴァレリーは日清戦争と米西戦争に強い衝撃を受けた。「前者はヨーロッパ風に改造され、装備されたアジア国民の最初の実力行為であり、後者はヨーロッパから抽き出され、いわば発展した国民のヨーロッパ国民に対する最初の実力行為だった」。これらの衝撃を通じてヴァレリーは、自身がヨーロッパについてどう考えていたのか——あるいはどう考えていなかったのか——を内省するに至ったと述べる。「私はそれまでヨーロッパというものが本当に存在するとは一度も考えたことがなかった」（前掲書、四〜五ページ）。

もちろんヨーロッパと呼ばれる地域は存在していた。だが、ヴァレリーはそれまで、ヨーロッパという単位そのものについて考えたことがなかった。これはおそらく、ヴァレリーだけの経験ではない。そして、本書で言及されるヴァレリーの文章はいずれも第一次大戦を経た後の「戦間期」と呼ばれる時期に書かれたものだが、そこではこの自明ではないヨーロッパという単位が、危機の意識をもって考察されている。今日の時点から見ればヨーロッパ中心主義的に見える点も少なくないかもしれない。しかし、それらの考察はいずれも、ヨーロッパ内での凄惨な殺し合いの直後、すなわち、今日のヨーロッパ連合（ＥＵ）のような政治組織など笑止と思われても仕方のない時代になされたものだ。

デリダは「ヨーロッパの文化的同一性」をテーマとするシンポジウムで講演するにあたって、ヴァレリーのそのような考察を取り上げたのである。シンポジウムの開催された一九九〇年、ヨーロッパは、新しい、他なる岬へと生成しつつあった。したがって、このようなテーマが真剣に論じられることの必然性はよく理解できる。しかし今から見れば、このテーマが政治的に悪用することも可能なある種の危うさを伴っていることは否めない。デリダは当然ながらこのテーマの危うさを意識しつつ（そして強調もしつつ）、ヨーロッパという自明ではない単位の危機をめぐって展開されたヴァレリーの考察を参照する。それは講演の冒頭で宣言されている通り（一〇頁）、ヨーロッパ中心主義はもちろんのこと、反ヨーロッパ主義をも退けるために採用された筋道であろう。

最初期のテキスト「『幾何学の起源』への序文」以来、デリダはヨーロッパ中心主義に対する強い警戒心を陰に陽に何度も表明している。だが——おそらくはこの『他の岬』という著作が一つの転機になっていると思われるが——デリダは晩年、特にその民主主義論を通じて、さらには冷戦の終結という情勢にも促されて、ヨーロッパが持つ価値、あるいはヨーロッパがもたらした価値を積極的に肯定するようになる。デリダが死の直前に残した文章の一つは、「サダム・フセインの体制がもたらす恐ろしさに対して情け容赦ない態度を示しつつも、ブッシュ、チェイニー、ウォルフォウィッツ、ラムズフェルドら計画を批判することのできるヨーロッパ」と高らかに宣言する「希望のヨーロッパ」だった（«Une Europe de l'espoir», *Le Monde diplomatique*, Novembre 2004）。九〇年代に入ってから、デリダが政治と倫理についての思索を深めていったことはよく知られており、また『他の岬』はその二年後に発表された『マルクスの亡霊たち』と共に、この政治‐倫理的転回の目印となる著作であると言えるが、おそらくこの転回は、ヨーロッパ中心主義に陥ることなくヨーロッパがもたらしたある種の価値を肯定する方向への転回でもあった。デリダが短絡的な反ヨーロッパ主義に対する警戒を強めていったことの意味もまた改めて考察されねばならないだろう。

*

ではデリダはそのヨーロッパなるものから何を受け取ったのか。何を受け取ろうとしていたのか。デリダは――ヨーロッパの伝統ではなく――「ヨーロッパの記憶の呼びかけに応答」する義務について語っている（六〇〜六三頁）。そこで述べられていることはさほど難しくはない。ただし、その中で民主主義の理念が語られていることに注意しておかねばならない。民主主義はデリダによってヨーロッパ的なものとして語られている。デリダはおそらく、ヴァレリーがヨーロッパ岬にみた普遍性の逆説と同型の逆説をここに見ているのだろう。ヨーロッパの発明した政治体制の一例に過ぎない民主主義が、ある種の普遍性を獲得するという逆説である。

司法の世界では、一事例に過ぎないものが判例として普遍的な価値を獲得する。しかも、どうすれば一事例が普遍的な価値を獲得しうるのかをあらかじめ説明することはできない。それを説明するような一般規則をわれわれは持っていないし、持つべきでもないとデリダは言う（五六頁）。デリダは民主主義に肯定的であったが、彼の中で民主主義は、常にこのような普遍性の逆説において捉えられていた。単純な普遍主義と単純な多文化主義を同時に退けるためにはどうしてもそのような理論的立場が必要であった。

デリダの言う義務はその意味で二重であり、必ず二律背反と共にある。「中央集権的覇権」が再構成されないように警戒しなければならないが、同時に、「固有言語の排外主義」をそれ自体として養わないようにしなければならない（三五頁）。「ナショナリズムとコスモポリタニズムはいつもよろしくやっている」（三八頁）のであるから、いわばその間で思考しなければならない。この「二重の義務」は、一見すると、「これも大切だがあれも大切だ」というありがちな、どっちつかずの態度に見えるかもしれない。「二重の義務」をそのようなものとして片づけてしまわないためには、これをデリダ自身も注意を促している「約束の構造」（六一頁）において理解する必要がある。

約束は一方で、破られうるものでなければならない。もし破ることができないような内容の約束であったならば、それは約束しなくても自動的に出来する帰結に過ぎなかったのだから、それを約束と呼ぶことはできない。他方で、約束は守られなければならない。そもそも守られることのないものとして結ばれたのならば、それは約束ではない。では、約束を守るとはどういうことかというと、約束を守ることによって生じる事態は自動的に出来する帰結ではありえないのだから、それは、現存する諸条件の中に何かしらの介入が行われてはじめて出来するものでなければならない。すなわち、約束を守ることは、現存する諸条件に何らかの変更を加えることから切り離せない。ならば、二重の義務に応答するとは、二律背反を形成しているように見える二つの排他的可能性を規定する現状の諸条件（これが可能ならばあれは不可能で、あれが可能ならばこれは不可能と決めている諸条件）そのものの変更に携わることを意味するだろう。

しかも、約束の構造のもとにある二重の義務は否定的な形式でしか描き出せない。否定的な形式とは、「XがなければYはないだろう」という形式のことだ（六三頁）。この否定的形式のもとでしか、決断や責任、モラルや政治について語ることはできない。すなわち、「こうすれば何々できる」という言い方では、それらについて語ることはできない。これはデリダの言説を追っていけば自ずと見えてくる論点ではあるけれども、ここまではっきりと語られているという意味で注目に値する。

ある約束に関わる諸条件は、「XがなければYはないだろう」という否定的な形式でのみ記述可能である。言い換えれば、XとYの間に起こることをあらかじめ述べることはできない。あるいはまた、Yが出来する瞬間を記述することはできない（出来事そのものは記述できないと言ってもよいのかもしれない）。それを記述できないという意味での否定性を経た上ではじめて、脱構築はXを肯定できる。前述の政治‐倫理的転回以降、デリダは「脱構築は肯定的である」との主張を繰り返すことになるけれども、脱構築の肯定性は何らかの否定性に媒介されている。脱構築には暗がりがある。この暗がりをどう位置づけ、脱構築の肯定性と結びつけるか。

ここにもまた興味深い問いがあるように思われる。

＊

『他の岬』はヨーロッパという単位そのものが問われた激動の時期に出版されたのだった。そして、この文章が書かれている今、二〇一六年の時点でも、ヨーロッパは大きな荒波の中にある。ヨーロッパの情勢は二五年前とは大きく変わった。ＥＵの加盟国は二八カ国にまで拡大し、通貨統合も実現した。しかしヨーロッパ憲法は実現しなかったし（オランダとフランスが、二〇〇五年、国民投票によって憲法条約の批准を拒否した）、ギリシアの経済危機は通貨統合の弱点をさらけ出した。二〇一六年にはイギリスで、ＥＵ離脱の是非を問う国民投票が実施される。離脱が選択される可能性は十分にあると言われている。

このイギリスの国民投票は、ヨーロッパ、ＥＵそしてデリダの政治哲学を考える上でたいへん興味深いケースであるように思われる。ＥＵ離脱派には右派だけでなく左派も相当数含まれているのだが、彼らはしばしば、民主主義の名の下にＥＵ離脱を主張する。すなわち、自分たちの主権がＥＵに奪われているのであり、民主主義を取り戻すために我々は離脱を求めるのだ、と。この主張に同意するかどうかはともかく、それが考えるべき問題を提示していることだけは間違いない。たとえばＥＵ加盟国は自国で関税を決めることはできないので、自国産業の保護が出来ない場合は十分に考えうる。またＥＵ加盟国はＥＵで決められた法律を国内法として制定することを求められているから、自分たちのあずかり知らぬところで決められた法律が次から次に国内法になっているという印象はぬぐい去りがたい。

『他の岬』では論じられていないが、デリダは晩年、「主権」についての議論を執拗に展開していた（たとえば『ならず者たち』『獣と主権者』)。基本的にデリダは主権概念に距離を取っている。というのも主権概念は、自己と自己の同一性や自己による自己の力の統御といった、あまりにも古い(前‐批判的な、あるいは前‐精神分析的な)主体概念に基づいているからである。実際、主権概念が問題含みであることは言うまでもない。主権は対外的には、戦争する権利として定義されてきた。それを主権以外の何らかの規範(おそらくは国際法)によって制限していくことは今もなお変わらぬ重要な課題である。だが他方、主権は対内的には、法律を作って被治者にそれを強制できる立法権として定義されてきた。この権利を民衆の力で運用する政治体制として「民主主義」を定義することは決して恣意的な定義ではなかろう。ならば、民主主義の名の下になされる主権の要求そのものは、決して的外れなものではない。

デリダの言う「二重の義務」はここにこそ応用されねばならない。主権の概念は問題含みであって、戦争する権利というその好戦的側面も、自己と自己の同一性や自己による自己の力の統御といったその形而上学的側面も共に批判されるべきである。しかし、まだ我々は主権に代わる概念を発明していない。したがって、この概念の批判的精査を踏まえつつ、この概念をうまく運用していかねばならない。主権概念の批判は、民衆の自己決定そのものの否定であってはならない。主権概念で満足するのでも、主権概念批判で満足するのでもなく、二律背反を耐え抜き、新しい制度を発明していくこと。「日延べされた民主主義」の求める民主主義の発明(九六頁)は、そのように読まれうる。そして言うまでもなく、これはヨーロッパ内だけの課題ではない。

EUの構築は「主権」や「国民」といった近代的概念に対する貴重な挑戦であったし、そうであり続けている。しかし、欧州理事会のあるブリュッセルが、しばしばEUの官僚主義の象徴としてその名を挙げられることからも分かるように、この組織が新たな首都の論理——キャップの論理——を招き寄せつつあることも事実であろう。EU懐疑派はしばしば、自分たちはEUに反対なのであって、ヨーロッパそのもの、ヨーロッパがもたらした諸々の価値そのものに反対しているのではない、と主張する。実際、ＥＵは二八カ国にまで及んだことで、ヨーロッパと呼ばれる地域のほとんどをカバーしつつあるとも言えるが、ＥＵがヨーロッパなのではない。それにヨーロッパには、ＥＵ以外にも複数の組織や制度がある（ヨーロッパ統合を目的として作られた欧州評議会は、欧州人権裁判所という重要な機関を有している。同評議会にはロシアやトルコも加盟している。ヨーロッパ内の国境を国境検査無しで超えることを許可するシェンゲン協定には、アイスランド、ノルウェー、スイスといった非ＥＵ加盟国も含まれている。ユーロ圏もまたＥＵと等しいわけではなく、ＥＵ加盟国であるイギリス、スウェーデン、デンマークがこれに参加していない。ノルウェーやスイスなどＥＵ非加盟四カ国は欧州経済領域という独自の組織を作り、ＥＵ加盟国と対等に経済活動を行っている。軍事についてはＮＡＴＯがある）。

ＥＵが、主権国家以後の、そして国民国家以後の政治組織として重要なものであることは論をまたない。だが、そこに「首都」がもたらされてはならないはずであって、ここでも重要なのはやはり「二重の義務」であろう。ＥＵによる「主権」や「国民」といった概念への挑戦の価値を認めつつ、超国家的組織が新たな中央集権的覇権を構成しないように注意することが求められている。

＊

ヨーロッパ内での民主主義的統治の問題は確かに重要な問題である。だが、ヨーロッパは今、そうした内部統治の問題とはまた別の問題に悩まされている。難民とテロリズムの問題である。二〇一五年には百万人以上の難民がヨーロッパに渡った。その多くは二〇一一年より続くシリア内戦の被害者である。また、二〇一五年にはパリで二度のテロ攻撃があった。二〇一六年にはブリュッセルでもテロ攻撃があった。このテロ攻撃を引き起こした組織は、同内戦と深い関わりを持っている。そして、言うまでもなく、ヨーロッパは火の粉をかぶった単なる第三者ではない。植民地主義の遺産、移民への差別、さらには軍事介入を通じて、ヨーロッパ自体がこうした事態の遠因にも近因にもなっているからである。以上の問題の背景を十全に説明することは筆者の手に余る。また単一の視点からこれを説明し尽くせるとも思えない。ただ、本書のテーマがこれらの問題と無関係ではないことは指摘しておかねばならない。

いまヨーロッパを悩ませているテロリズムの背景には、ヨーロッパがもたらした価値そのもの――もちろん民主主義を含む――に対する強烈な拒絶反応がある。「ヨーロッパは岬に過ぎない」という言明も、そうした反応の中ではおそらく、謙遜を装った傲慢な言葉として受け止められるであろう。デリダにはそうした可能性が十分に分かっていたはずである。だからこそ彼は l'autre cap（別の岬、別の方向性）と言うだけでは不十分であり、le cap de l'autre（他者の方向性）と言うだけでも不十分であり、cap の論理を超え出て、l'autre du cap（キャップとは異なるもの、キャップの他者）にまで至らねばならないと述べていたのである。

偽装した普遍主義（l'autre cap）でも、単純な多文化主義（le cap de l'autre）でもない、もう一つの方向性――いや、「方向性」すらをも疑うこと。筆者にはそれがいかなる具体的な形態を取りうるのかは分からない。しかし、今日の時点でデリダを読むとは、そのような課題、二重の義務、約束の構造と向き合うことでなければならないはずである。

著者略歴

(Jacques Derrida, 1930-2004)

1930年アルジェに生まれる．20世紀を代表する思想家．現象学の再検討から出発し，ニーチェやハイデガーの哲学を批判的に発展させる．脱構築，差延，散種，グラマトロジーなどの概念を作り出し，ポスト構造主義を代表する哲学者と目される．高等師範学校等の講師を経て，1984年から社会科学高等研究院でセミネールを実施．同時代の諸問題を西洋哲学の根本問題とともに論じ，晩年は「来たるべき民主主義」の思考を練成させる．日本語訳された著書に『フッサール哲学における発生の問題』『エクリチュールと差異』『根源の彼方に　グラマトロジーについて』『声と現象』『哲学の余白』『基底材を猛り狂わせる』『有限責任会社』『盲者の記憶』『哲学への権利』『マルクスの亡霊たち』『法の力』『友愛のポリティックス』『アポリア』『歓待について』『ヴェール』『死を与える』『ならず者たち』『生きることを学ぶ，終に』『動物を追う，ゆえに私は（動物で）ある』などがある．

訳者略歴

高橋哲哉〈たかはし・てつや〉 1956年福島県に生まれる．1983年東京大学大学院人文科学研究科博士課程単位取得．哲学専攻．現在，東京大学大学院総合文化研究科教授．著書に『記憶のエチカ』（岩波書店，1995）『デリダ』（講談社，1998）『靖国問題』（筑摩書房，2005）『沖縄の米軍基地』（集英社，2015）ほか．訳書に，デリダ『有限責任会社』（共訳，法政大学出版局，2002）『ならず者たち』（共訳，みすず書房，2009）などがある．

鵜飼　哲〈うかい・さとし〉 1955年東京都に生まれる．京都大学大学院文学研究科卒業．フランス文学・思想専攻．現在，一橋大学大学院言語社会研究科教授．著書に『抵抗への招待』（1997）『ジャッキー・デリダの墓』（2014，以上みすず書房）ほか．訳書に，ジュネ『恋する虜』（共訳，人文書院，1994）デリダ『盲者の記憶』（1998）『友愛のポリティックス』（共訳，2003）『生きることを学ぶ，終に』（2005）『ならず者たち』（共訳，2009，以上みすず書房）などがある．

解説者略歴

國分功一郎〈こくぶん・こういちろう〉 1974年生まれ．東京大学大学院総合文化研究科博士課程修了．博士（学術）．高崎経済大学経済学部准教授．哲学．著書に『スピノザの方法』（みすず書房，2011）『暇と退屈の倫理学』（朝日出版社，2011）『来るべき民主主義』（幻冬舎，2013）ほか．訳書に，デリダ『そのたびごとにただ一つ，世界の終焉』（全2巻，共訳，岩波書店，2006）ガタリ『アンチ・オイディプス草稿』（共訳，みすず書房，2010）などがある．

ジャック・デリダ

他の岬

ヨーロッパと民主主義

高橋哲哉・鵜飼哲 訳
國分功一郎 解説

1993年3月5日　初　版第1刷発行
2016年5月10日　新装版第1刷印刷
2016年5月20日　新装版第1刷発行

発行所 株式会社 みすず書房
〒113-0033 東京都文京区本郷5丁目32-21
電話 03-3814-0131(営業) 03-3815-9181(編集)
http://www.msz.co.jp

本文印刷所 三陽社
扉・表紙・カバー印刷所 リヒトプランニング
製本所 松岳社
装丁 安藤剛史

© 1993 in Japan by Misuzu Shobo
Printed in Japan
ISBN 978-4-622-07999-6
[たのみさき]
落丁・乱丁本はお取替えいたします

ならず者たち	J.デリダ 鵜飼哲・高橋哲哉訳	4400
哲学への権利 1・2	J.デリダ 西山雄二・立花史・馬場智一他訳	I 5600 II 7200
ヴェール	E.シクスー／J.デリダ 郷原佳以訳	4000
フッサール哲学における発生の問題	J.デリダ 合田正人・荒金直人訳	6400
盲者の記憶 自画像およびその他の廃墟	J.デリダ 鵜飼哲訳	3800
留まれ、アテネ	J.デリダ 矢橋透訳	3400
ジャッキー・デリダの墓	鵜飼哲	3700
近代人の模倣	Ph.ラクー＝ラバルト 大西雅一郎訳	6000

（価格は税別です）

みすず書房

アンチ・オイディプス草稿	F. ガタリ S. ナドー編 國分功一郎・千葉雅也訳	5800
リトルネロ	F. ガタリ 宇野邦一・松本潤一郎訳	4800
スピノザの方法	國分功一郎	5400
もっとも崇高なヒステリー者 ラカンと読むヘーゲル	S. ジジェク 鈴木・古橋・菅原訳	6400
ルジャンドルとの対話	P. ルジャンドル 森元庸介訳	3200
時間かせぎの資本主義 いつまで危機を先送りできるか	W. シュトレーク 鈴木直訳	4200
ヴァレリー詩集 コロナ/コロニラ	松田浩則・中井久夫訳	3800
判決	J. ジュネ 宇野邦一訳	3800

（価格は税別です）

みすず書房

ハイデッガー ツォリコーン・ゼミナール	M. ボス編 木村敏・村本詔司訳	6200
ジャン＝ジャック・ルソー問題	E. カッシーラー 生松敬三訳	2300
ルソー 透明と障害	J. スタロバンスキー 山路昭訳	4500
現代議会主義の精神史的地位	C. シュミット 稲葉素之訳	2800
憲法論	C. シュミット 阿部照哉・村上義弘訳	6500
暴力について みすずライブラリー 第2期	H. アーレント 山田正行訳	3200
哲学は何を問うてきたか	L. コワコフスキ 藤田祐訳	4200
小さな哲学史	アラン 橋本由美子訳	2800

(価格は税別です)

みすず書房

ヨーロッパ戦後史 上・下	T. ジャット 森本醇・浅沼澄訳	各 6000
デモクラシーの生と死 上・下	J. キーン 森本醇訳	各 6500
人種主義の歴史	G. M. フレドリクソン 李孝徳訳	3400
ヴェールの政治学	J. W. スコット 李孝徳訳	3500
ヘイト・スピーチという危害	J. ウォルドロン 谷澤正嗣・川岸令和訳	4000
イラク戦争のアメリカ	G. パッカー 豊田英子訳	4200
イラク戦争は民主主義をもたらしたのか	T. ドッジ 山岡由美訳 山尾大解説	3600
移ろう中東、変わる日本 2012-2015	酒井啓子	3400

（価格は税別です）

みすず書房